Ingeborg Kruse

Frauenkonkordanz zur Bibel

Ingeborg Kruse

Frauenkonkordanz zur Bibel

Kreuz

Vorwort

Vielen von uns fällt es schwer, Frauengeschichten in der Bibel zu finden. Hier und da tauchen einzelne Namen auf, aber es dauert lange, sie in einen sinnvollen Zusammenhang zu bringen. Zum Beispiel stehen achtzehn Kapitel zwischen dem Hinweis, dass Rizpa eine Frau von König Saul gewesen ist und dass sie eine Heldin war. Und wer weiß schon auf Anhieb, wo die Geschichte von der Frau am Jakobsbrunnen steht? Oder wo finde ich den Frauenraub von Schilo? Wo steht etwas über das Verhalten von Müttern und Töchtern? Von Vätern und Töchtern? Gibt es Hinweise auf Kleidermoden und Schmuck? So viele Fragen stellen sich, sobald mit der Bibel gearbeitet wird. Selbstverständlich gibt es Konkordanzen und Nachschlagewerke, in denen vieles nachzulesen ist. Aber oft gehen die Frauennamen und weiblichen Begriffe in der Fülle der Angaben unter.

Um Gruppenleiterinnen und allen anderen, die sich für biblische Frauengeschichten interessieren, den Zugang zur Bibel einfacher zu machen, ist das vorliegende Wörterbuch entstanden, das leicht zu handhaben ist. Sämtliche Angaben, auch die Namenschreibungen, entsprechen der Einheitsübersetzung von 1980. Möglich ist der Gebrauch dieser Konkordanz aber auch für den Umgang mit anderen Bibelübersetzungen (mit Apokryphen), weil die Stellenangaben übereinstimmen. Die unterschiedlichen Bezeichnungen der Bibelbücher und ihre Abfolge sind im Anhang aufgeführt. Oft lohnt es sich, verschiedene Übersetzungen miteinander zu vergleichen, sei es in der Gruppe oder beim privaten Bibellesen, und das Umfeld der angegebenen Textstellen sowie die Anmerkungen in der Bibel zu beachten. Die Erklärungen der Eigennamen, geografische und religionsgeschichtliche Hinweise wurden überwiegend aus dem »Lexikon der biblischen Eigennamen« übernommen.

Während der Arbeit an dieser Fundgrube habe ich mich gern der vielen Bibelseminare erinnert, in denen wir Frauen uns gemeinsam auf Entdeckungsreisen durch das Buch der Bücher gemacht haben. Es waren unvergesslich schöne Jahre, in denen uns bewusst wurde, wie tief wir in der Vergangenheit wurzeln. Die Mädchen und Frauen, die vor uns waren, werden wir aus Achtung vor ihrem Schicksal im Gedächtnis behalten, ohne dabei zu vergessen, dass die ganze Bibel mit ihren wunderbaren Verheißungen und Tröstungen, mit ihren Mahnungen und Zurechtweisungen allen Menschen gehört.

Dank sagen möchte ich allen, die beim Korrekturlesen geholfen haben. Vor allem danke ich meiner Lektorin Gabriele Schneider für ihre theologische Beratung und Begleitung und für die gute Zusammenarbeit.

Alle in diesem Buch enthaltenen Angaben wurden von mir nach bestem Wissen zusammengestellt und mit größtmöglicher Sorgfalt überprüft. Trotzdem könnten sich bei der Fülle der Textangaben Fehler eingeschlichen haben, die ich zu entschuldigen bitte.

Ingeborg Kruse

A

Abbild (Auswahl)
Genesis 1,26-27

Lasst uns Menschen machen als unser Abbild … Gott schuf also den Menschen als sein Abbild; als Abbild Gottes schuf er ihn. Als Mann und Frau schuf er sie.

Deuteronomium 4,16

Ihr sollt euch kein Gottesbild machen, … kein Abbild irgendeines männlichen oder weiblichen Wesens …

1 Korinther 11,7

Der Mann darf sein Haupt nicht verhüllen, weil er Abbild und Abglanz Gottes ist; die Frau aber ist der Abglanz des Mannes.

Abi »Mein Vater«
2 Könige 18,2; 2 Chronik 29,1

Abi ist die Tochter Secharjas. Sie ist die Frau von König Ahas von Juda und die Mutter von König Hiskija von Juda.

Abigal/Abigajil → siehe Zeruja
2 Samuel 17,25

Abigal ist eine Tochter des Ammoniterkönigs Nahasch (nach dem Hebräischen). Ihr Sohn ist Amasa. Ihre Schwester ist Zeruja.

1 Chronik 2,16-17

Abigajil ist die Schwester von David und von Zeruja. Ihr Vater ist Isai (nach dem Griechischen). Sie ist die Ehefrau des Ismaeliten Jeter und Mutter von Amasa (Heerführer Abschaloms).

Abigajil → siehe Davids Frauen
1 Samuel 25,1-42

Abigajil ist die Frau des Nabal von Karmel, sie versorgt David mit Lebensmitteln, wird nach dem Tod ihres Mannes Davids Frau.

1 Samuel 27,3

David bleibt mit seinen zwei Frauen, der Jesreeliterin Ahinoam (II) und Abigajil aus Karmel, in Gat.

1 Samuel 30,5

Auch die beiden Frauen Davids, die Jesreeliterin Ahinoam (II) und Abigajil aus Karmel, geraten in Gefangenschaft.

2 Samuel 2,2

David zieht mit seinen beiden Frauen, Ahinoam (II) aus Jesreel und Abigajil, der (früheren) Frau Nabals aus Karmel, nach Hebron.

2 Samuel 3,2-3

In Hebron werden David Söhne geboren … sein zweiter, Kilab, von Abigajil, der (früheren) Frau Nabals aus Karmel.

1 Chronik 3,1

Hier heißt der zweite Sohn Davids, den Abigajil ihm gebar, Daniel.

Abihajil I »Mein Vater ist stark«

1 Chronik 2,29

Abihajil ist die Frau von Abischur. Ihre Söhne sind Achban und Molid.

Abihajil II »Mein Vater ist stark« → siehe Mahalat II

2 Chronik 11,18-19

Abihajils Vater ist Eliab, ein Sohn Isais. Sie ist verheiratet mit Jerimot, einem der Söhne Davids. Ihre Tochter ist Mahalat (II), die Frau König Rehabeams.

Abija »Mein Vater ist Jahwe«

1 Chronik 2,24

Abija ist eine Frau Hezrons. Ihr Sohn ist Aschhur, der Vater Tekoas.

Abimelech (männlich) und Frauen

Richter 8,31; 9,1-6.18

Abimelech überredet die Brüder seiner Mutter und lässt sich zum König machen. Er ist der Sohn einer Sklavin.

Richter 9,50-57

Er wird von einer Frau tödlich verletzt. Aus Sorge um seinen Ruf (»Man soll nicht von mir sagen: Eine Frau hat ihn umgebracht!«) lässt er sich von seinem Waffenträger töten.

Abischag → siehe Davids Frauen; Schunemitin

1 Könige 1,1-4.15

Abischag, das schöne Mädchen aus Schunem, wird dem greisen König David zur Frau gegeben.

1 Könige 2,17-25

... Adonija (Sohn der Haggit) möchte nach Davids Tod Abischag von Schunem heiraten. Dieser Wunsch kostet ihn das Leben.

Abital »Mein Vater ist wie der Tau«
→ siehe Davids Frauen

2 Samuel 3,4

Abital, eine Frau Davids, ist die Mutter von Schefatja.

1 Chronik 3,3

... Davids fünfter Sohn, Schefatja, ist von Abital.

Achlai »Möge es Gott gefallen«

1 Chronik 2,31.34-35

Achlai ist die Tochter von Scheschan aus dem Clan Jerachmeel. Scheschan hat nur Töchter. Eine Tochter verheiratet er mit seinem ägyptischen Sklaven. Deren Sohn ist Attai. Von Achlais Schwestern ist nichts bekannt.

Achsa »Fußspange« → siehe Ada II

Josua 15,16-19; Richter 1,12-15

Achsas Vater ist Kaleb. Achsa ist die Frau von Otniël. Durch eine List (sie lässt sich vom Esel fallen) bekommt sie von ihrem Vater zwei Oasen in der Wüste Negeb geschenkt.

1 Chronik 2,49

Die Tochter Kalebs war Achsa.

Ada I »Geschmeide« → siehe Zilla

Genesis 4,19-24

Lamech, ein Nachkomme von Kain, hat zwei Frauen, die eine heißt Ada, die andere Zilla. Adas erster Sohn ist Jabal, Stammvater derer, die in Zelten und beim Vieh wohnen. Adas zweiter Sohn ist Jubal, Stammvater aller Zither- und Flötenspieler. Lamech hält seinen Frauen eine Rede.

Ada II »Geschmeide« → siehe Esaus Frauen

Genesis 36,2-8

Ada, die Tochter des Hetiters Elon, ist eine Frau von Esau. Ihr ältester Sohn ist Elifas. Esau besiedelt mit seiner Familie das Bergland Seïr.

Genesis 36,10-12.15-16

Das sind die Nachkommen von Ada und Esau.

Ägypterin

Genesis 16; 21,9-21; 25,12

Die Geschichten von Hagar, der Ägypterin, Saras (I) Magd

Genesis 21,21

Die Ägypterin Hagar verheiratet ihren Sohn Ismael mit einer Ägypterin.

Exodus 1,19

… die hebräischen Frauen sind nicht wie die ägyptischen, sondern wenn die Hebamme zu ihnen kommt, haben sie bereits geboren.

Ahinoam I »Mein Bruder ist anmutig« → siehe Saul und Frauen

1 Samuel 14,50

Ahinoam, die Tochter des Ahimaaz, ist die Frau von Saul, dem ersten König Israels.

Ahinoam II »Mein Bruder ist anmutig« → siehe Davids Frauen

1 Samuel 25,43

Ahinoam aus Jesreel ist Davids Frau, bevor er König wird.

1 Samuel 27,3

David bleibt in der Nähe von Achisch mit Ahinoam und Abigajil, seinen beiden Frauen.

1 Samuel 30,5

Auch die beiden Frauen Davids, die Jesreeliterin Ahinoam und Abigajil …, werden gefangengenommen.

2 Samuel 2,2

David zog nach Hebron hinauf mit seinen beiden Frauen Ahinoam aus Jesreel und Abigajil …

2 Samuel 3,2; 1 Chronik 3,1

Davids Erstgeborener ist Amnon von Ahinoam aus Jesreel.

Amme

Genesis 24,59; 35,8

Debora (I), Rebekkas Amme, begleitet sie von Mesopotamien nach Kanaan.

Exodus 2,7

Die Schwester des Mose sagt zur Tochter des Pharao: Soll ich zu den Hebräerinnen gehen und dir eine Amme rufen?

2 Samuel 4,4

Die Amme lässt Merib-Baal auf der Flucht fallen, seitdem ist er gelähmt.

2 Könige 11,2; 2 Chronik 22,11

Joscheba versteckte den Prinzen Joasch heimlich mit seiner Amme in der Bettenkammer.

Jesus Sirach 51,17

Sie (die Weisheit) ist für mich zur Amme geworden.

Jesaja 49,23

Könige werden deine Kinder pflegen, und Fürstinnen ihre Ammen sein.

Ammoniterin

Genesis 19,38

Ben Ammi, Sohn der jüngeren Tochter Lots, ist Stammvater der Ammoniter.

1 Könige 11,1

Salomo liebt viele ausländische Frauen: Ammoniterinnen …

1 Könige 14,21.31

Naama (II), die Mutter des Königs Rehabeam, ist eine Ammoniterin.

2 Chronik 24,26; 2 Könige 12,22

Der Sohn der Ammoniterin Schimat ist Sabad, er ist einer der Attentäter, die Joasch ermorden (→ siehe die Moabiterin Schomer).

Nehemia 13,23

Ich sah Juden, die ammonitische Frauen geheiratet hatten.

Ana (männlich und weiblich)
Genesis 36,2.14
In der hebräischen Bibel ist Ana die Mutter von Oholibama, in der griechischen ist Ana männlich.

Anahita (Göttin) → siehe Nanäa

Anat »Quelle« (Göttin)
Richter 3,31; 5,6
Anat ist der Name einer westsemitischen Göttin, sie ist Baals Schwester.

Bet-Anat »Haus der Anat«
Richter 1,33; Josua 19,38
Bet-Anat ist eine Stadt in Obergaliläa.

Bet-Anot »Haus der Anat« (?)
Josua 15,59
Bet-Anot ist ein Ort im Gebirge Juda.

Antiochis
2 Makkabäer 4,30
Antiochis ist die Nebenfrau des Antiochus Epiphanes, Antiochus IV.; er schenkt ihr die Städte Tarsus und Mallus.

Aphia
Philemon 2
Aphia ist eine Christin in Kolossä. Paulus nennt sie Schwester.

Artemis (Göttin)
2 Makkabäer 4,33
Daphne (I) ist ein Heiligtum von Artemis und Apollo.
Apostelgeschichte 19,23-40
Das Standbild der großen Göttin Artemis in Ephesus ist Anlass für einen Streit, den Paulus mit den Silberschmieden führt, wodurch ein Aufruhr in Ephesus ausgelöst wird. Das Tempelheiligtum der Artemis in Ephesus war eines der sieben Weltwunder.

Aschera (Göttin)

Aschera ist die große kanaanitische Vegetationsgöttin. Sie wird symbolisiert im Kultpfahl, Kultbaum. Sie wird in Heiligen Hainen verehrt. Ihr Kult ist tief verwurzelt im Volk und wird im Alten Testament entsprechend bekämpft. Die hier genannten Kultpfähle oder Kultbäume werden in manchen Bibelübersetzungen Ascheren oder Ascherabild genannt. → Siehe auch die Anmerkungen in der Einheitsübersetzung zu 1 Könige 14,23; 2 Chronik 33,7.

Exodus 34,13; Deuteronomium 7,5; 12,2-3

Ihre Altäre sollt ihr niederreißen, ihre Steinmale zerschlagen, ihre Kultpfähle umhauen.

Deuteronomium 16,21-22

Du sollst neben dem Altar des Herrn, deines Gottes, den du dir baust, keinen Kultpfahl, keinerlei Holz einpflanzen.

Richter 3,7

Sie dienten den Baalen und den Kultpfählen (Ascheren).

Richter 6,25-32

Der Herr sagte zu Gideon: Reiß den Altar des Baal nieder … und den Kultpfahl daneben hau um! Bau einen Altar für den Herrn, deinen Gott, … und bring den fetten Farren mit dem Holz des Kultpfahls, den du umhaust, als Brandopfer dar … Nachdem Gideon dies getan hatte, nannte man ihn Jerubbaal – das heißt: Gott möge gegen ihn streiten –; denn er hat seinen Altar niedergerissen.

1 Könige 14,15.23; 2 Könige 17,9-12.15-17; 21,3; 2 Chronik 33,3

Die Israeliten stellten die Kultpfähle (Ascheren) wieder auf.

1 Könige 15,13; 2 Chronik 15,16

Maacha (III) lässt ein Bild für die Aschera anfertigen.

1 Könige 18,19

… samt den 400 Propheten der Aschera

2 Könige 10,22-28

Jehu ermordet die heidnischen Priester und zerstört den Baalstempel.

2 Könige 13,6
Der Kultpfahl (der Aschera) blieb in Samaria stehen.

2 Könige 18,4
Hiskija zerbrach die Steinmale, zerstörte den Kultpfahl und zerschlug die Kupferschlange, die Mose angefertigt hatte.

2 Könige 21,3.7
Manasse bringt den Kultpfahl in den Tempel.

2 Könige, 23,4
… alle Geräte, die man der Aschera gemacht hat.

2 Könige 23,6-7
Joschija lässt den Kultpfahl wieder aus dem Tempel entfernen und im Kidrontal verbrennen. Die Asche lässt er auf die Gräber des einfachen Volkes streuen.

2 Könige 23,14-15
Joschija hieb den Kultpfahl um.

2 Chronik 14,2-4; 15,16
Asa hieb das Schandbild der Aschera um.

2 Chronik 17,6; 19,3
Joschafat entfernte die Kulthöhen und Kultpfähle aus Juda.

2 Chronik 24,18
Joasch ließ es zu, dass die Kultpfähle und Götzenbilder wieder verehrt wurden.

2 Chronik 31,1
Die Israeliten zerstörten die Kulthöhen und Kultpfähle in ganz Juda, Benjamin, Efraim und Manasse vollständig.

2 Chronik 33,3.7.19
Manasse stellte die Kultpfähle … wieder auf.

2 Chronik 34,3-7
Im 12. Jahr beginnt Joschija, Juda und Jerusalem von den Kultheiligtümern zu reinigen.

Jesaja 17,8
… was ihre Finger gemacht haben, … die Kultpfähle und Räucheraltäre …

Jesaja 27,9
Nie mehr soll man Kultpfähle … errichten.

Jeremia 6,6
Fällt ihre Bäume!

Jeremia 17,2

Judas Sünde ist aufgeschrieben ..., damit auch ihre Söhne noch denken an ihre Altäre und Kultpfähle bei den üppigen Bäumen und auf den hohen Hügeln des Berglands.

Amos 8,14

Alle, die beim Götzenbild von Samaria schwören.

Micha 5,12-13

Die Kultpfähle in deiner Mitte reiße ich aus.

Aschima (Göttin)

Aschima ist eine syrische Göttin.

2 Könige 17,30

Die Leute aus Hamat schufen Bilder Aschimas.

Amos 8,14

»Götzenbild von Samaria« (evtl. ist Aschima gemeint)

Aschtarot/Aschterot (Kultheiligtum und Königsstadt)

→ siehe Astarte; Atargatis; Karnajim

Aschtarot ist »Ort der Astarte«, ungefähr 35 km östlich des Sees Gennesaret gelegen.

Genesis 14,5; 1 Makkabäer 5,26.43-44; 2 Makkabäer 12,26; Amos 6,13

Aschterot-Karnajim, Kultstätte und Ort südlich des Toten Meeres

Deuteronomium 1,4; Josua 9,10; 12,4; 13,12.31; 21,27

Og, König von Baschan, der in Aschtarot ... wohnt

1 Chronik 6,56

Aschtarot mit seinen Weideflächen

Asenat »Der Göttin Neith gehörig«

Genesis 41,45

Asenat wird Josef vom Pharao zur Frau gegeben. Asenat ist die Tochter von Potifera, dem Priester von On.

Genesis 41,50-52

Manasse ist der erste Sohn von Josef und Asenat. Ihr zweiter Sohn ist Efraim.

Genesis 46,20; 48,8-22

Manasse und Efraim, zwei Söhne von Asenat und Josef, werden in Ägypten geboren. Jakob segnet sie.

Astarte (Göttin) → siehe Aschera; Atargatis; Karnajim; Himmelskönigin

Astarte, Aschera und Atargatis werden miteinander verwechselt bzw. gleichgesetzt. Astarte ist die große Göttin der Liebe und Fruchtbarkeit, entsprechend der ugaritischen Athtart, der babylonischen Ischtar und der aramäischen Atar. Ihr Hauptheiligtum ist Sidon. Sie ist die Gemahlin des Baal. Siehe auch die Anmerkungen in der Einheitsübersetzung zu Richter 2,11; 1 Könige 14,23; 2 Makkabäer 12,26; Jeremia 7,18 und die Einleitung zum Hohenlied.

Richter 2,13; 3,6; 10,6

Die Israeliten dienten dem Baal und der Astarte.

1 Samuel 7, 3-4; 12,10

Schafft die Astarten fort!

1 Samuel 31,10

Sauls Rüstung legten sie im Astartetempel nieder.

1 Könige 11,1-8

Salomo verehrt die Götter und Göttinnen seiner ausländischen Frauen.

1 Könige 11,33

Salomo verehrt die Astarte, Göttin der Sidonier.

2 Könige 23,13

Die Höhenheiligtümer, die Salomo der Astarte gebaut hat.

Asuba I »Verlassen«

1 Könige 22,42; 2 Chronik 20,31

Asuba ist die Tochter von Schilhi. Sie ist die Frau von König Asa von Juda. Ihr Sohn ist König Joschafat von Juda.

Asuba II »Verlassen«

1 Chronik 2,18

Asuba ist die Frau von Kaleb. Asuba hat drei Söhne. Ihre Tochter ist Jeriot.

1 Chronik 2,19

Nach Asubas Tod heiratet Kaleb die Efrata (I).

Asuba III »Verlassen«

Jesaja 62,4

Asuba ist ein symbolischer Name für Jerusalem.

Atalja »Jahwe ist erhaben« (Königin)
→ siehe auch Isebel I

2 Könige 8,18

Königin Atalja, die Tochter von Königin Isebel und König Ahab von Juda, ist die Frau von König Joram von Juda.

2 Könige 8,26; 2 Chronik 22,2

Atalja von Juda ist die Mutter von Ahasja von Juda. Sie ist eine Enkelin von König Omri.

2 Könige 11,1-20; 2 Chronik 22,10-23,21

Atalja ist die einzige regierende Königin in Israel. Nach der Ermordung ihres Sohnes Ahasja lässt sie alle königlichen Nachkommen beseitigen. Nur Joasch, der Erbprinz, entgeht ihr in einem sicheren Versteck. Königin Atalja regiert sechs Jahre, bis sie gestürzt wird. Sie fällt einem Staatsstreich zum Opfer und wird ermordet. Ihr Nachfolger ist König Joasch.

2 Chronik 24,7

Atalja begünstigte den Baalskult.

Atara »Krone«; »Diadem«

1 Chronik 2,26

Atara ist die zweite Frau von Jerachmeel. Atara ist die Mutter von Onam.

Atargatis (Göttin) → siehe Astarte

Atargatis ist die Hochgöttin Syriens, mit der zweigehörnten Astarte gleichgesetzt, vergleichbar der Aphrodite.

2 Makkabäer 12,21.26

Karnajim ist ein Heiligtum der Atargatis. Judas Makkabäus tötet dort seine Feinde.

Ausländische Frauen (Auswahl)

1 Könige 11,1-8

Salomo liebt ausländische Frauen. Als Salomo älter wird, verführen ihn seine Frauen zur Verehrung anderer Götter, sodass er dem Herrn, seinem Gott, nicht mehr ungeteilt ergeben ist, so wie es sein Vater David war.

Esra 9,1-4

Im Exil haben sich Juden mit ausländischen Frauen verheiratet, mit Töchtern der Kanaaniter, Hetiter, Perisiter, Jebusiter, Ammoniter, Moabiter, Ägypter, Amoriter. Nach der Heimkehr nach Jerusalem wird Gottes Strafe wegen dieser Mischehen befürchtet.

Esra 10,1-44

Esra sorgt dafür, dass die Ehen, die im Exil geschlossen wurden, geschieden werden. Die ausländischen Frauen werden von ihren Ehemännern zurückgeschickt.

Sprichwörter 5,1-23; 7,1-27

Der Sohn wird vor der fremden Frau gewarnt.

B

Baala/Baalat »Herrin« (geografisch)

Josua 15,9-10

Baala ist Kirjat-Jearim im Gebiet der Judäer.

Josua 15,11

Der Berg Baala in Judäa

Josua 15,29; 1 Chronik 4,29

Baala (auch Bilha genannt) im Negeb

Josua 19,8

Bis hin nach Baalat-Beer (»Herrin des Brunnens«) … im Gebiet der Simeoniter

Josua 19,44

Baalat im Gebiet der Daniter

2 Samuel 6,2

Baala in Juda

1 Könige 9,18

Salomo baut die Städte Baala und Tamar (IV) in der Steppe in Juda wieder auf.

1 Chronik 4,29; 13,6

Sie wohnten in Baala (Bilha).

2 Chronik 8,6

Salomo erobert Baala zurück.

Baara »Baal ist erhaben«
1 Chronik 8,8
Schaharajim zeugte im Grünland von Moab Söhne, nachdem er seine Frauen Baara und Huschim entlassen hatte.

Basemat I »Duftend«
Genesis 26,34-35
Im Alter von vierzig Jahren nimmt Esau Judit (I), die Tochter des Hetiters Beeri, und Basemat, die Tochter des Hetiters Elon, zu Frauen. Sie werden für Isaak und Rebekka Anlass zu bitterem Gram.
Genesis 36,2-4
Esau nimmt sich seine Frauen aus den Töchtern Kanaans: … und Basemat, die Tochter Ismaels, eine Schwester Nebajots. Ihr Sohn ist Reguël.
Genesis 36,10
… und Reguël, der Sohn Basemats, Esaus Frau
Genesis 36,13
Die Söhne Reguëls sind: … Das sind die Söhne Basemats, der Frau Esaus.
Genesis 36,17
Das sind die Häuptlinge Reguëls in Edom; sie sind die Söhne Basemats, der Frau Esaus.

Basemat II »Duftend«
1 Könige 4,15
… auch Ahimaaz hat eine Tochter Salomos, nämlich Basemat, zur Frau.

Batseba »Tochter der Fülle« → siehe Davids Frauen
2 Samuel 11,1-27; 12,1-25
Batseba, die Tochter des Ammiël, ist die Frau des Hetiters Urija. König David verliebt sich in sie. Als Batseba schwanger wird, lässt David Urija ermorden und nimmt sie zur Frau. Das erste Kind von Batseba und David stirbt.
1 Könige 1,11-31
Batseba sorgt dafür, dass ihr Sohn Salomo König wird.

1 Könige 2,13-24
Batseba bittet Salomo um die Eheerlaubnis für Adonija, Sohn der Haggit, und Abischag aus Schunem. Ihre Bitte kostet Adonija das Leben.
1 Chronik 3,5
Die vier Söhne Batsebas: Schima, Schobab, Natan, Salomo
Psalm 51
Ein Psalm Davids, als der Prophet Natan zu ihm kam, nachdem er sich an Batseba vergangen hatte.
Das Hohelied 3,11
Seht den König Salomo mit der Krone, mit der ihn seine Mutter Batseba gekrönt hat am Tag seiner Hochzeit.
Matthäus 1,6
Batseba im Stammbaum Jesu

Baum/Kultbaum → siehe Aschera
Genesis2,9; 3,22-24; Offenbarung 2,7; 22,2.14.19
Baum des Lebens
Deuteronomium 12,2-3
Zerstören sollt ihr die Stätten unter jedem üppiggrünen Baum.
1 Könige 14,23
Sie errichten Kultmale unter jedem grünen Baum.
2 Könige 16,4; 17,10; 2 Chronik 28,4
Er opferte unter jedem üppigen Baum.
Jesaja 1,29-30
Ihr werdet in Schande stürzen wegen der Eichen, die euch gefallen.
Jesaja 57,5
Ihr geratet in Gier unter den Eichen, unter jedem üppigen Baum.
Jeremia 2,20; 3,6
Israel, die Abtrünnige, trieb Unzucht unter jedem üppigen Baum.
Jeremia 3,13; Ezechiel 20,28
Überall bist du zu den fremden Göttern gelaufen, unter jedem üppigen Baum.
Jeremia 17,1-2
Judas Sünde ist eingegraben in ihren Herzen ..., auch ihre Söhne denken noch an ihre Altäre und Kultpfähle bei den üppigen Bäumen ...

Ezechiel 6,13

Ihre Erschlagenen liegen unter jedem üppiggrünen Baum.

Berenike »Trägerin des Sieges«

Apostelgeschichte 25,13.23; 26,30

Berenike ist die Tochter von Herodes Agrippa I., ihre Schwester ist Drusilla. Sie lebt bei ihrem Bruder, Herodes Agrippa II., König von Chalkis, und tritt mit ihm öffentlich auf. In Cäsarea hört sie die Verteidigungsrede des Apostels Paulus.

Berufe/Fertigkeiten von Frauen → siehe Amme; Dienerin; Dirne; Hebamme; Magd; Prophetin

Exodus 35,25-26

Alle Frauen, die sich auf Handarbeit verstanden, spannen und brachten das Gesponnene.

Levitikus 26,26

Frauen backen Brot.

2 Samuel 4,6

Türhüterin

Tobit 2,11-14

Hanna (II) webt.

Kohelet 12,3-4

… am Tag …, da die Müllerinnen ihre Arbeit einstellen, weil sie zu wenige sind, … wenn das Geräusch der Mühle verstummt …

Jesaja 19,9

Wer Flachs anbaut, erntet Enttäuschung. Die Hechlerinnen und die Weber erblassen.

Jeremia 9, 16-21

Ruft die Klagefrauen herbei! Schickt nach den weisen Frauen! Sie sollen kommen.

Matthäus 24,41

Zwei Frauen, die mit derselben Mühle mahlen …

Johannes 18,16-17

Die Pförtnerin erkennt Petrus.

Bilha → siehe Lea; Rahel; Silpa

Genesis 29,29

Laban gibt seine Magd Bilha seiner Tochter Rahel zur Magd.

Genesis 30,3-8; 35,25

Rahel gibt Bilha Jakob zur Nebenfrau, sie bekommt zwei Söhne, Dan und Naftali.

Genesis 35,22; 49,3-4

Ruben, Leas Sohn, schläft mit Bilha.

Genesis 37,2

Josef hütet die Schafe mit den Söhnen Bilhas und Silpas.

Genesis 46,23-25

Die Söhne und Nachkommen Bilhas, Rahels Magd

Genesis 49,1.17-18.21

Jakobs Segen für Bilhas Söhne

1 Chronik 7,12-13

Nachkommen der Bilha

Bitja »Königin« → siehe Judäische Frau; Mirjam II

1 Chronik 4,17-18

Bitja ist eine Pharaonentochter. Sie ist verheiratet mit Mered. Ihre Tochter ist Mirjam (II), außerdem hat sie mehrere Söhne.

Blutfluss

Levitikus 12,4-8

Reinigungsvorschriften nach einer Geburt

Baruch 6,28

Sogar unreine Frauen und Wöchnerinnen berühren ihre Opfer (für heidnische Götter). Daran erkennt ihr, dass sie keine Götter sind.

Ezechiel 18,6

Ein Gerechter tritt einer Frau nicht nahe während ihrer Blutung.

Ezechiel 22,10

Man missbraucht Frauen während ihrer Blutung.

Matthäus 9,18-26; Markus 5,21-43; Lukas 8,40-56

Jesus heilt eine Frau, die schon zwölf Jahre an Blutungen litt.

Braut

Richter 14,20; 15,2.6

Simson gibt seine Frau einem Freund, der sein Brautführer gewesen war.

1 Makkabäer 9,32-42

Bräutigam und Braut werden ermordet.

Psalm 45,10
Die Braut im Schmuck von Ofirgold
Psalm 78,63
… den jungen Mädchen sang man kein Brautlied.
Das Hohelied 4,8
Meine Braut vom Libanon
Das Hohelied 4,9
Verzaubert hast du mich, meine Schwester Braut, ja verzaubert.
Das Hohelied 4,10
Wie schön ist deine Liebe, meine Schwester Braut.
Das Hohelied 4,11
Von deinen Lippen, Braut, tropft Honig.
Das Hohelied 4,12; 5,1
Ein verschlossener Garten ist meine Schwester Braut.
Weisheit 8,2
Ich begehrte, sie als meine Braut heimzuführen.
Jesaja 49,14-50,3
Gottes Trost für Zion. Du sollst dich mit ihnen schmücken wie eine Braut.
Jesaja 61,10
… wie eine Braut ihr Geschmeide anlegt.
Jesaja 62,5
Wie der Bräutigam sich freut über die Braut.
Jeremia 2,2
Ich (Gott) denke an die Liebe deiner Brautzeit.
Jeremia 2,32
Vergisst denn ein Mädchen seinen Schmuck, eine Braut ihre Bänder?
Jeremia 7,34; 16,9; 25,10
Verstummen lasse ich … den Ruf der Braut.
Jeremia 33,11
Man hört wieder den Ruf des Bräutigams und den Ruf der Braut.
Joël 2,16
Die Braut verlasse ihr Gemach!
Johannes 3,29
Wer die Braut hat, der ist der Bräutigam.
Offenbarung 18,23; 19,7; 21,1-4.9
Braut und Bräutigam
Offenbarung 22,17
Der Geist und die Braut sagen: Komm!

Brautwerbung/Brautpreis

Genesis 24,1-66

Eliësers Brautwerbung (Rebekka)

Genesis 34,12

Legt mir ruhig ein sehr hohes Heiratsgeld und eine hohe Brautgabe auf! Ich will geben, was ihr von mir verlangt. Nur gebt mir das Mädchen zur Frau (Dina).

Exodus 22,16

Der Vater muss ihm den Brautpreis … zahlen in Höhe des Preises für eine Jungfrau.

1 Samuel 18,25

Der König möchte keine andere Brautgabe als die Vorhäute von hundert Philistern für Merab/Michal.

Brunnen

Genesis 16,14

Hagar nannte den Brunnen Beer-Lahai-Roï (Brunnen des Lebendigen, der nach mir schaut).

Genesis 21,19

Gott öffnete ihr die Augen, und sie (Hagar) erblickte einen Brunnen.

Genesis 24,11

Es war gegen Abend, um die Zeit, da die Frauen herauskommen, um Wasser zu schöpfen.

Genesis 24,20

Flink leerte sie (Rebekka) ihren Krug an der Tränke und lief noch einmal an den Brunnen zum Schöpfen. So schöpfte sie für alle Kamele.

Genesis 24,62; 25,11

Isaak war in die Gegend des Brunnens von Lahai-Roï gekommen und hatte sich im Negeb niedergelassen.

Genesis 26,19

Die Knechte Isaaks gruben in der Talsohle und fanden dort einen Brunnen mit frischem Wasser.

Genesis 26,32-33

… darum heißt die Stadt bis auf den heutigen Tag Beerscheba (Eidbrunnen).

Genesis 29,1-14

Jakob begegnet Rahel am Brunnen.

Exodus 2,15-22
Mose begegnet den sieben Töchtern des Priesters von Midian am Brunnen.
Numeri 21,16-18
Von dort ging es weiter nach Beer (Brunnen) … Damals sang Israel das Lied: Steig auf, Brunnen! Singt über ihn ein Lied, über den Brunnen, den Heerführer gruben …
Psalm 69,16
Lass nicht zu, dass die Flut mich überschwemmt, die Tiefe mich verschlingt, der Brunnenschacht über mir seinen Rachen schließt.
Sprichwörter 5,15
Trink Wasser aus deiner eigenen Zisterne, Wasser, das aus deinem Brunnen quillt (gemeint ist der Ehebruch).
Sprichwörter 5,18
Dein Brunnen sei gesegnet, freu dich der Frau deiner Jugendtage.
Sprichwörter 23,27
Denn die Ehebrecherin ist eine tiefe Grube, die fremde Frau ein enger Brunnen.
Das Hohelied 4,15
Die Quelle des Gartens bist du, ein Brunnen lebendigen Wassers.
Jeremia 6,7
Wie ein Brunnen sein Wasser sprudeln lässt, so lässt sie (Tochter Zion) ihre Schlechtigkeit sprudeln.
Johannes 4,1-26
Das Gespräch Jesu mit der Frau am Jakobsbrunnen

Brust/Brüste (Auswahl)
Genesis 49,25
Gott wird dich segnen … mit Segen von Brust und Schoß.
2 Makkabäer 3,19
Die Frauen zogen Trauerkleider an, die die Brüste freiließen.
Ijob 3,12
Wozu Brüste, dass ich daran trank?

Psalm 22,10
Du bist's, der mich barg an der Brust der Mutter.
Das Hohelied 4,5; 7,4
Deine Brüste sind wie zwei Kitzlein.
Das Hohelied 7,8
Deine Brüste sind wie Trauben.
Das Hohelied 8,1
… mein Bruder, genährt an der Brust meiner Mutter
Das Hohelied 8,8
Eine kleine Schwester, noch ohne Brüste
Das Hohelied 8,10
Ich bin eine Mauer, meine Brüste gleichen Türmen.
Jesaja 66,11
Saugt euch satt an ihrer tröstenden Brust.
Ezechiel 16,7
Deine Brüste wurden fest.
Hosea 9,14
Gib den Müttern vertrocknete Brüste.
Nahum 2,8
Ihre Mägde jammern wie gurrende Tauben und schlagen sich an die Brust.
Lukas 11,27-28
Selig die Frau, deren Brust dich genährt hat!

C

Chloë
1 Korinther 1,11
Paulus schreibt: »Es wurde mir … von den Leuten der Chloë berichtet.« Chloë ist Christin und vermutlich Geschäftsfrau in Korinth.

D

Dagon
Fisch- oder Getreidegottheit, in der Einheitsübersetzung männlich. Dagon ist die Nationalgöttin der Philister. Ihre Haupttempel standen in Aschdod, Aschkalon, Gad, Gasa. Derketo, Semiramis'

Mutter, war ihre Priesterin. Dagon wird mit einem Fischschwanz dargestellt.

Richter 16,3-30

Simson zerstört ihren Tempel und findet dabei den Tod.

1 Samuel 5,2-7

Die Dagon-Statue fällt auf die Gotteslade und zerbricht.

1 Chronik 10,10

Die Philister heften Sauls Kopf an die Tempelmauer Dagons.

1 Makkabäer 10,83-84; 11,4

Jonatan zerstört Aschdod und den Dagon-Tempel.

Damaris

Apostelgeschichte 17,34

Auch eine Frau namens Damaris wurde gläubig und schloss sich Paulus in Athen an.

Danitische Frau

2 Chronik 2,13

Ich sende dir Hiram-Abi, den Sohn einer danitischen Frau.

Daphne I »Lorbeerbaum« (geografisch)

2 Makkabäer 4,33-34

Daphne bei Antiochia, Artemis-Heiligtum, Asylstätte

Daphne II »Lorbeerbaum« (geografisch)

Klassischer Name von Tachpanhes im Ostdelta des Nils

Judit 1,9

Der König schickte Boten nach … Tachpanhes … und Memfis …

Jeremia 2,16

Memfis und Tachpanhes

Jeremia 44,1

Judäer in Ägypten, in Migdol und Tachpanhes

Jeremia 46,14

Verkündet es in Migdol, in Memfis und Tachpanhes.

Ezechiel 30,6.13.17-19

Gott will die Götzen von Migdol und Memfis vernichten.

Davids Frauen

→ siehe unter Abigajil; Abischag; Abital; Ahinoam II; Batseba; Egla; Haggit; Maacha II; Merab; Michal; Davids Nebenfrauen; Nebenfrau

Davids Nebenfrauen

2 Samuel 5,13-16

David nahm sich noch Nebenfrauen, auch Frauen aus Jerusalem.

2 Samuel 15,16

… nur die zehn Nebenfrauen ließ der König zurück.

2 Samuel 16,20-22

Abschalom geht vor den Augen ganz Israels zu den Nebenfrauen seines Vaters.

2 Samuel 19,6

Joab sagte zu dem König: Du hast heute alle beschimpft, die dir, … deinen Frauen und Nebenfrauen das Leben retteten.

2 Samuel 20,3

David lässt die zehn Nebenfrauen einsperren.

1 Chronik 3,9

Alle Söhne Davids, ohne die Söhne der Nebenfrauen

Debora I »Biene«

Genesis 24,58-59

Rebekka und ihre Amme Debora verlassen Haran.

Genesis 35,8

Debora stirbt. Sie wird bei Bet-El unter der »Träneneiche« begraben.

Debora II »Biene« → siehe Jaël

Richter 4,1-24

Debora, Prophetin und Richterin, besiegt Sisera mit Jaëls und Baraks Hilfe.

Richter 4,5

Die Richterin Debora hat ihren Sitz unter der Debora-Palme zwischen Rama und Bet-El im Gebirge Efraim.

Richter 5,1-31

Das Debora-Lied (einer der ältesten Texte der Bibel)

Jesaja, 1,26

Ich will dir wieder Richter geben wie am Anfang.

Debora III »Biene«

Tobit 1,8

Debora, die Großmutter von Tobit, hat die Höhe des Opfers bestimmt.

Delila »kokette Frau«

→ siehe Simsons Mutter/Frauen

Richter 16,4-31

Simson verliebt sich in Delila. Er verrät ihr sein Geheimnis. Delila verrät Simson an ihre Stammesbrüder. Simson kommt im Dagon-Tempel ums Leben.

Dienerin → siehe auch Magd

Exodus 2,5

Während die Tochter des Pharao im Nil badet, gehen ihre Dienerinnen am Ufer auf und ab.

1 Samuel 25,24

Abigajil von Karmel nennt sich Dienerin.

2 Könige 5,1-27

Dienerin im Haus des Feldherrn Naaman, sie ist die Dienerin seiner Frau. Sie vermittelt und sorgt für die Heilung Naamans.

Judit 8,10

Judits (II) Dienerin, die dem ganzen Hauswesen vorsteht.

Judit 8,33; 10,2-13,10

Die Dienerin begleitet Judit (II) in das feindliche Lager. Am Ende steckt sie den Kopf des Holofernes in einen Sack.

Judit 16,23

Judit (II) schenkt ihrer Dienerin die Freiheit.

Ester 2,9

Sieben Dienerinnen für Ester

Ester 4,4

Die Dienerinnen und der Kämmerer berichten Königin Ester.

Ester 4,16

Ester und ihre Dienerinnen fasten.

Ester 5,1

Zwei Dienerinnen begleiten Ester zum König, eine stützt sie, die andere trägt ihre Schleppe.

Römer 13,4

Gottes Dienerin ist die Obrigkeit.

Römer 16,1

Phöbe, die Dienerin der Gemeinde von Kenchreä

Dina »Prozess«

Genesis 30,21

Dina ist das siebte Kind von Lea und Jakob. Lea nannte ihre Tochter Dina.

Genesis 34,1-26.31

Dina wird von Sichem vergewaltigt/entehrt. Ihre Brüder nehmen grausame Rache an Sichem und seinem ganzen Stamm.

Genesis 46,15

Dina, Leas Tochter, in Mesopotamien geboren

Genesis 49,5-7

Jakobs Zorn über die Gewalttat seiner Söhne Simeon und Levi

Judit 9,2-4

Judit (II) erinnert Gott an Dinas Vergewaltigung.

Dirne/Hure/Prostitution

Genesis 34,31

Durfte er unsere Schwester (Dina) wie eine Dirne behandeln?

Genesis 38,15.21-22

Juda hielt Tamar (I) für eine Dirne.

Levitikus 21,7

Priester sollen sich keine Dirne zur Frau nehmen.

Levitikus 21,9

Die Tochter eines Priesters, die sich als Dirne entweiht, soll verbrannt werden.

Levitikus 21,14
Eine Witwe oder Dirne darf sich der Hohepriester nicht nehmen.

Deuteronomium 23,18-19
Verbot sakraler Prostitution

Josua 2,1; 6,17.22.25
Die Dirne Rahab (I)

Richter 11,1
Jiftach war der Sohn einer Dirne.

Richter 16,1
Simson geht zu einer Dirne.

1 Könige 3,16-28
Damals kamen zwei Dirnen zum König (das salomonische Urteil).

1 Könige 14,24
Unter König Rehabeam war Tempelprostitution in Juda erlaubt.

1 Könige 22,38
Die Dirnen baden in Ahabs Blut.

2 Makkabäer 6,4
Tempelprostitution

Sprichwörter 6,26
Einer Dirne zahlt man bis zu einem Laib Brot.

Sprichwörter 7,10
Eine Frau im Kleid der Dirnen läuft auf ihn zu, mit listiger Absicht.

Sprichwörter 29,3
Wer sich an Dirnen hängt, bringt sein Vermögen durch.

Jesus Sirach 9,6
Dirnen bringen dich um dein Erbe.

Jesus Sirach 19,2
Wer sich an Dirnen hängt, wird frech.

Jesaja 1,21
Die treue Stadt (Jerusalem) ist zur Dirne geworden.

Jesaja 23,15-18
Das Lied von der Dirne. Dirnenlohn für die Stadt Tyrus

Jesaja 57,3
Kommt herbei, ihr Kinder eines Ehebrechers und einer Dirne!

Jeremia 2,20

Unter jedem üppiggrünem Baum liegst du als Dirne.

Jeremia 3,3

Du hattest die freche Stirn einer Dirne und wolltest dich nicht schämen.

Jeremia 5,7

Sie wurden Gäste im Haus der Dirne.

Baruch 6,9

Tempelprostitution

Baruch 6,42-43

Die Frauen aber sitzen, mit Schnüren umwunden, an den Wegen.

Ezechiel 16,15.30

… nach Art einer hochfahrenden Dirne (Jerusalem)

Ezechiel 16,31.33.35

Du (Jerusalem) warst nicht wie eine gewöhnliche Dirne. Allen Dirnen gibt man sonst Lohn. Darum, Dirne, höre das Wort des Herrn!

Ezechiel 23,43-44

… wie eine Dirne es treibt, so treiben sie (Jerusalem und Samaria) Unzucht. Sie gingen zu ihnen ein wie zu einer Dirne.

Hosea 1,2

… nimm dir eine Kultdirne zur Frau und zeuge Dirnenkinder! Denn das Land … ist zur Dirne geworden.

Hosea 2,7

Ja, ihre Mutter war eine Dirne, die Frau, die sie gebar, trieb schändliche Dinge.

Hosea 3,1-3

Du bleibst jetzt viele Tage bei mir, ohne als Dirne einem Mann zu gehören.

Hosea 4,13-15

Ich strafe eure Töchter nicht dafür, dass sie zu Dirnen wurden … denn sie (die Priester) selbst gehen mit den Dirnen beiseite, mit den Weihedirnen feiern sie Schlachtopfer.

Hosea 4,18

… sie treiben es mit den Dirnen, sie lieben ihre schändliche Schamlosigkeit.

Hosea 5,3
Efraim hat es mit Dirnen getrieben.
Hosea 6,10; 9,1
Eine Dirne bist du (Israel).
Joël 4,3
Einen Knaben haben sie der Dirne als Lohn gegeben und Mädchen für Wein verkauft, um zu zechen.
Amos 2,7
Sohn und Vater gehen zur Dirne.
Amos 7,17
Deine Frau wird in der Stadt als Dirne leben.
Micha 1,7
Mit Dirnenlohn wurden sie zusammengekauft (heidnische Weihegaben) und zu Dirnenlohn werden sie wieder.
Nahum 3,4-7
Und all das wegen der zahllosen Buhlschaften der Buhlerin (Ninive), die von Anmut strahlte, die in Zauberkünsten Meisterin war.
Matthäus 21,31-32
Zöllner und Dirnen kommen ins Reich Gottes.
Lukas 15,30
Der (verlorene) Sohn hat sein Vermögen mit Dirnen durchgebracht.
1 Korinther 6,15-16
Wer sich an eine Dirne bindet, ist ein Leib mit ihr.
Hebräer 11,31
Aufgrund ihres Glaubens kam die Dirne Rahab (I) nicht zusammen mit den Ungehorsamen um.
Jakobus 2,25
Die Dirne Rahab (I) wurde durch ihre Werke gerecht.
Offenbarung 17,1-18; 18,1-8; 19,2
Die Hure Babylon

Drache → siehe auch Leviatan; Rahab II
Nehemia 2,13
An der Drachenquelle vorbei gelangte ich zum Aschentor.
Ester 1,1; 10,3
Zwei große Drachen, bereit zu kämpfen

Ijob 7,12

Bin ich der Meeresdrache, dass du gegen mich eine Wache stellst?

Psalm 74,13

Du hast die Häupter der Drachen über den Wassern zerschmettert.

Psalm 91,13

Du trittst auf Löwen und Drachen.

Jesus Sirach 25,16

Lieber mit einem Drachen zusammenhausen als bei einer bösen Frau wohnen.

Jesaja 14,29

… und ihre Frucht ist ein fliegender Drache.

Jesaja 27,1

Leviatan, den Drachen im Meer, wird er töten.

Jesaja 51,9

Warst du es nicht, der die Rahab (II) zerhieb und den Drachen durchbohrte?

Jeremia 51,34

Der König von Babel hat mich wie ein Drache verschlungen.

Daniel 14,23-42

Daniel und der Drache

Offenbarung 12,1-18

Die Frau und der Drache

Offenbarung 13,1-11

Der Meeresdrache

Offenbarung 16,13

Ich sah aus dem Maul des Drachen unreine Geister herauskommen.

Offenbarung 20,2-3

Der Engel überwältigte den Drachen.

Drusilla »Vom Tau besprengt«

Apostelgeschichte 24,24

Drusilla ist die Frau des römischen Prokurators von Judäa, Felix. Sie ist die jüngste Tochter von Herodes Agrippa I. und die Schwester der Berenike. In erster Ehe war Drusilla mit König Azizus von Emesa (Syrien) verheiratet. Vor Felix und Drusilla soll Paulus seinen Glauben erklären. Drusilla ist Jüdin.

E

Edna → siehe Sara II

Tobit 7,2-3

Edna ist die Frau Raguëls. Ihre Tochter ist Sara (II).

Tobit 7,7

Auch seine Frau Edna und seine Tochter Sara (II) brachen in Tränen aus.

Tobit 7,14-17

Edna tröstet ihre Tochter Sara (II).

Tobit 8,11

Raguël sagte zu seiner Frau Edna: Schick eine Magd hinauf, sie soll nachsehen, ob er noch lebt.

Tobit 10,13-14

Edna sagte zu Tobias: Lieber Bruder, der Herr des Himmels geleite dich nach Haus. Tobias segnet Raguël und Edna.

Tobit 14,13

Das Begräbnis von Raguël und Edna

Efa I

1 Chronik 2,46

Efa, Kalebs Nebenfrau, gebar Haran, Moza und Gases.

Efa II (geografisch)

Genesis 25,4; 1 Chronik 1,33

Efa ist ein arabischer Stammsitz, mit den Midianitern verwandt. Die Söhne Midians sind Söhne von Ketura.

Jesaja 60,6

Zahllose Kamele bedecken dein Land, Dromedare aus Midian und Efa.

Efrata I »Fruchtbar«

1 Chronik 2,19.24

Nach dem Tod seiner Frau Asuba (II) heiratet Kaleb die Efrata. Der erste Mann von Efrata ist Hezron, Kalebs Vater. Efrata ist die Mutter von Hur.

1 Chronik 2,50.54

Die Söhne von Hur, dem Erstgeborenen der Efrata

1 Chronik 4,4
Die Nachkommen der Efrata

Efrata II (geografisch)
Genesis 35,16.19; 48,7
Efrata liegt bei Betlehem. Rahel stirbt in Efrata und wird dort begraben.
Josua 15,59
Efrata ist Betlehem.
Rut 1,2
Elimelech und Noomi, Efratiter aus Betlehem in Juda
Rut 4,11
Efrata bei Betlehem
1 Samuel 17,12
David ist der Sohn eines Efratiters aus Betlehem.
1 Chronik 4,4
Wohnsitz des Clans Efrata (Kalebiter)
Psalm 132,6
Efrata, (zeitweilige) Wohnung der Gotteslade

Egla »junge Kuh« → siehe Davids Frauen
2 Samuel 3,5; 1 Chronik 3,3
Egla ist eine Frau Davids. Sie ist die Mutter von Jitream.

Eglajim (geografisch)
Jesaja 15,8
Eine Stadt in Moab

Eglat-Schelischija (geografisch)
Jesaja 15,5; Jeremia 48,34
»Die dritte Stadt der jungen Kuh«

Ehe/Familie (Auswahl)
Levitikus 18,6-18; 20,11-17; Deuteronomium 27,20; 1 Korinther 5,1
Unzuchtsverbrechen
Levitikus 21,7-8
Ehehindernisse für Priester
Levitikus 21,13-15
Ehehindernisse für Hohepriester

Numeri 30,2-17
Über das Einhalten von Gelübden
Deuteronomium 5,18; Matthäus 5,27
Du sollst nicht die Ehe brechen.
Deuteronomium 21,10-14
Heirat mit einer Kriegsgefangenen
Deuteronomium 21,15-17
Wenn ein Mann zwei Frauen hat, eine, die er liebt, und eine, die er nicht liebt ... (Erbrechtsregelung)
Deuteronomium 22,13-22
Gesetze über Ehe und Sittlichkeit
Deuteronomium 24,1-5
Die Wiederaufnahme einer geschiedenen Ehe
Deuteronomium 25,5-10
Die Schwagerehe
Esra 9,1-10,44
Auflösung von Mischehen mit fremden Frauen
Nehemia 10,31; 13,25-28
Mischehengelübde
Tobit 6,14; 7,11; Matthäus 22,24-30; Markus 12,18-27; Lukas 20,29-35
Das Mädchen war sieben Männern zur Ehe gegeben worden.
Weisheit 3,11-12
Die Ehefrauen derer, die die Weisheit verachten, sind unverständig und ihre Kinder sind böse.
Jesaja 50,1
Wo ist denn die Scheidungsurkunde, mit der ich eure Mutter fortgeschickt habe?
Hosea 1,2-3,5
Hoseas Ehe mit einer Kultdirne
Matthäus 5,27
Gefährdung der Ehe
Matthäus 5,31-32; Lukas 16,18
Über die Ehescheidung
Matthäus 19,3-12; Markus 10,2-12.19
Diskussion über Ehescheidung und Beziehungsfragen
Markus 10,6-9
Mann und Frau werden ein Fleisch sein.
1 Korinther 7,1-7
Die christliche Ehe

1 Korinther 7,8-16
Die Ehe mit einem ungläubigen Partner. Über Ehescheidung
1 Korinther 7,25-40
Ehestand und Ehelosigkeit
Epheser 5,21-6,3
Christliche Familienordnung
Kolosser 3,18-20
Christliche Hausordnung
Hebräer 13,4
Die Ehe in Ehren halten
1 Petrus 3,1-7
Frauen und Männer in der Ehe

Ehebruch
Exodus 20,14; Deuteronomium 5,18
Du sollst nicht ehebrechen.
Levitikus 20,10; Deuteronomium 22,22
Sie sollen beide, der Ehebrecher und die Ehebrecherin, getötet werden.
Numeri 5,11-31
Das Eifersuchtsgesetz (Gottesurteil) ist bei Verdacht auf Ehebruch gegen die Frau anzuwenden.
2 Samuel 11,1-5
Davids Ehebruch mit Batseba
Sprichwörter 5,1-23; 6,20-35; 30,21-23
Warnung vor der Ehebrecherin
Sprichwörter 6,32
Wer Ehebruch treibt, ist ohne Verstand.
Sprichwörter 23,27
Die Ehebrecherin ist eine tiefe Grube.
Sprichwörter 5,15
Trink Wasser aus deiner eigenen Quelle.
Sprichwörter 30,20
So benimmt sich die ehebrecherische Frau: Sie isst, wischt sich den Mund und sagt: Ich habe nichts Böses getan.
Weisheit 14,24.26
Einer kränkt den anderen durch Ehebruch.
Jesus Sirach 23,18
Der Mensch, der auf seinem Lager die Ehe bricht.

Jesus Sirach 23,23
Sie brach in Unzucht die Ehe.
Jesus Sirach 47,20
Du hast dein Ehebett entweiht.
Jeremia 3,1-13
Der Bundesbruch als Ehebruch: Ich vertrieb Israel um ihres Ehebruchs willen.
Jeremia 3,9; 5,7
Sie (Israel) trieb Ehebruch mit Stein und Baum.
Jeremia 7,9
… stehlen, morden, die Ehe brechen …
Jeremia 13,26-27
Dass man deine Schande sehe, deinen Ehebruch.
Jeremia 23,14
Sie (die Propheten Jerusalems) verüben Ehebruch.
Jeremia 29,23
Sie (die Verschleppten Judas in Babylonischer Gefangenschaft) haben mit den Frauen ihrer Nächsten Ehebruch begangen.
Ezechiel 16,32
Die ehebrecherische Frau nimmt sich fremde Männer.
Ezechiel 16,38
Ich will dich richten, wie man Ehebrecherinnen richtet.
Ezechiel 18,6
Ein Gerechter schändet nicht die Frau seines Nächsten.
Ezechiel 23,37.40-45
Sie haben Ehebruch betrieben (Urteil).
Hosea 2,4
Auf dass sie wegschaffe die Male des Ehebruchs von ihren Brüsten.
Hosea 3,1
Hosea nimmt eine Ehebrecherin zur Frau.
Hosea 4,2
Man bricht die Ehe und übt Gewalttat.
Hosea 4,13-14
Eure Töchter werden zu Dirnen und eure Schwiegertöchter brechen die Ehe.
Maleachi 2,10-16
Handle nicht treulos an der Frau deiner Jugend.

Matthäus 5,27-28.32; Lukas 16,18
Ehebruch wird auch im Herzen begangen.
Matthäus 15,19; Markus 7,22
Aus dem Herzen kommen Morde, Ehebruch …
Matthäus 19,9; Markus 10,11-12
Wer eine Entlassene heiratet, begeht Ehebruch.
Matthäus 19,18; Lukas 16,18
Du sollst nicht die Ehe brechen.
Lukas 18,11
Räuber, Ungerechte, Ehebrecher
Johannes 8,1-11
Jesus und die Ehebrecherin
Römer 2,22
Du aber, der du sagst, man solle nicht ehebrechen, brichst die Ehe.
Römer 7,2-3; 1 Korinther 7,39-40
Ehebrecherin ist die Frau nur zu Lebzeiten des Mannes; nach seinem Tod ist sie frei.
Römer 7,3
Wenn die Ehefrau zu Lebzeiten des Mannes einem anderen gehört, wird sie Ehebrecherin genannt.
Römer 13,9
Die Gebote. Das 6. Gebot
1 Korinther 5,1
Ehebruch mit der Frau des Vaters
1 Korinther 6,9
Weder Unzüchtige noch Ehebrecher werden das Reich Gottes ererben.
Hebräer 13,4
Die Ehe sei in Ehren gehalten … und das Ehebett bleibe unbefleckt.
Jakobus 2,11
Die Ehe brechen und töten sind beides Übertretungen der Gebote.
Jakobus 4,4
Ihr Ehebrecher (von Gott Abgefallene), wisst ihr nicht …
2 Petrus 2,14
Sie haben nur Augen für die Ehebrecherin.
Offenbarung 2,22
Alle, die mit ihr Ehebruch treiben, bringe ich in große Bedrängnis.

Eleasars Frau
Exodus 6,25
Eleasar, der Sohn von Aaron und Elischeba, nimmt eine Tochter Putiëls zur Frau. Sie bringt Pinhas zur Welt. Sie ist eine Stamm-Mutter der Leviten.

Elischeba »Mein Gott ist Fülle«
Exodus 6,23
Elischeba ist die Tochter von Amminadab, ihr Bruder ist Nachschon. Elischeba ist die Frau von Aaron. Sie hat vier namentlich genannte Söhne.
Sie ist die Ur-Ahnfrau von Elisabet, der Mutter von Johannes dem Täufer.

Elisabet »Mein Gott ist Fülle«
Lukas 1,5-7
Elisabet, aus dem Geschlecht Aarons, Frau des Priesters Zacharias, ist lange Zeit kinderlos.
Lukas 1,13
Der Engel erscheint Zacharias im Tempel und kündet ihm an, dass seine Frau Elisabet einen Sohn gebären wird.
Lukas 1,24-25
Elisabet wird schwanger.
Lukas 1,36
Der Engel berichtet Maria (I) von Elisabets Schwangerschaft.
Lukas 1,39-56
Maria (I) besucht Elisabet.
Lukas 1,57-80
Elisabets und Zacharias' Sohn Johannes wird geboren.

El-Schaddai (Gottesname)
El-Schaddai, alter Gottesname in Nordmesopotamien mit vielen Bedeutungen, u.a. bedeutet er »Mutterbrust«; in Übersetzungen an der Bezeichnung »Gott, der Allmächtige« erkennbar.
Genesis 17,1
Ich bin Gott, der Allmächtige (El-Schaddai). Geh deinen Weg vor mir … ich will dich sehr zahlreich machen.

Genesis 28,3

Gott der Allmächtige (El-Schaddai), wird dich segnen.

Genesis 35,11

Ich bin Gott, der Allmächtige (El-Schaddai). Sei fruchtbar und vermehre dich.

Genesis 43,14

Gott, der Allmächtige (El-Schaddai), lasse euch Erbarmen finden.

Genesis 48,3

Gott, der Allmächtige (El-Schaddai), ist mir … erschienen und hat mich gesegnet.

Genesis 49,25

Gott, der Allmächtige (El-Schaddai), wird dich segnen mit Segen des Himmels von droben, mit Segen tief lagernder Urflut, mit Segen von Brust und Schoß.

Exodus 6,3-8

Ich bin Abraham, Isaak und Jakob als El-Schaddai (Gott, der Allmächtige) erschienen.

Eltern (Auswahl)

Exodus 20,12; Deuteronomium 5,16

Das vierte Gebot: Ehre deinen Vater und deine Mutter.

Exodus 21,15-17; Levitikus 19,3; 20,9; Deuteronomium 27,16

Elternrechte

1 Samuel 22,3-4

David bringt seine Eltern nach Moab in Sicherheit.

Tobit 8,17

Tobias und Sara (II) sind die einzigen Kinder ihrer Eltern.

Tobit 10,12

Deine (Saras II) Schwiegereltern sind nun deine Eltern.

Ester 2,7

Nach dem Tod ihrer Eltern nahm Mordechai Ester zu sich.

1 Makkabäer 10,9

Jonatan gab die Geiseln an ihre Eltern zurück.

2 Makkabäer 12,24

Er hatte viele jüdische Eltern in seiner Gewalt.

Psalm 27,10
Wenn mich auch Vater und Mutter verlassen, der Herr nimmt mich auf.
Sprichwörter 23,25
Deine Eltern mögen sich freuen, jubeln die Mutter, die dich gebar.
Weisheit 4,6
Kinder sind Zeugen wider ihre Eltern.
Jesus Sirach 3,1-16
Ehrfurcht vor den Eltern
Jesus Sirach 7,27-28
Bedenke, dass du ohne deine Eltern nicht wärest.
Jesus Sirach 22,3-5
Elternsorgen, besonders mit den Töchtern
Jesus Sirach 42,10
Die Sorge des Vaters um seine Tochter.
Jesaja 59,21
Meine Worte … sollen immer in deinem Mund bleiben und im Mund deiner Kinder und im Mund deiner Enkel, jetzt und in Ewigkeit.
Daniel 13,3.30
Susannas (I) Eltern
Matthäus 10,37; 19,29; Lukas 14,26
Wer Vater oder Mutter mehr liebt als mich, ist meiner nicht würdig.
Matthäus 15,4-6; 19,19
Ehre Vater und Mutter!
Markus 3,25
Wenn eine Familie in sich gespalten ist, kann sie keinen Bestand haben.
Markus 7,9-13
Jesus rügt die buchstäbliche Gesetzestreue am Beispiel des vierten Gebotes.
Lukas 2,27.39
Die Eltern tragen Jesus in den Tempel.
Lukas 2,41-52
Der zwölfjährige Jesus im Tempel, die Sorge seiner Eltern
Lukas 8,51.56
Die Eltern des auferweckten Mädchens
Johannes 9,18-23
Die Eltern des geheilten Blinden

2 Korinther 12,14

Nicht die Kinder sollen für die Eltern sparen, sondern die Eltern für die Kinder.

Hebräer 7,2-4

Melchisedek ist ohne Eltern und ohne Stammbaum.

Hebräer 11,23

Aufgrund des Glaubens wurde Mose nach seiner Geburt … von seinen Eltern verborgen.

Esaus Frauen → siehe Ada II; Basemat I; Judit I; Mahalat I; Oholibama

Ester »Ischtar«, »Stern«

Ester 2,1-4

Nach Waschtis Verstoßung wird eine neue Frau für König Artaxerxes gesucht.

Ester 2,5-14

Ester, die Adoptivtochter von Mordechai, wird mit vielen anderen schönen Mädchen im Königspalast zu Susa auf ihre Rolle als Königin vorbereitet.

Ester 2,15-20

Die Jüdin Ester wird Königin von Persien.

Ester 2,21-3,15

Haman, rangoberster Fürst am Königshof, heckt ein Pogrom gegen die Juden aus. Mordechai erwartet von Ester, dass sie darüber mit dem König spricht.

Ester 3,1-5,8

Ester überwindet ihre Angst. Sie geht zum König und lädt ihn und Haman zu einem Essen ein.

Ester 6,1-14

In einer schlaflosen Nacht des Königs kommt es zu bedeutsamen Veränderungen am Königshof. Mordechai wird belohnt.

Ester 7,1-10

Ein Abendessen bei Königin Ester bedeutet Hamans Ende.

Ester 8,1-9,19

Das Pogrom ist abgewendet. Die Juden nehmen blutige Rache an ihren Gegnern.

Ester 9,20-32

Ester und Mordechai führen das Purimfest als Erinnerung an die Errettung ihres Volkes ein.

Eunike »Schöner Sieg«

2 Timotheus 1,5

Eunike, eine gläubige Christin, ist die Mutter von Timotheus. Sie wohnt in Lystra in Kleinasien. Eunikes Mutter ist Loïs.

Eva »Die Lebendige«

Genesis 1,26-28

Adam und Eva sind Gottes Ebenbilder.

Genesis 2,18-25

Eva wird aus der Rippe des Mannes gebildet.

Genesis 3,1-24

Adam und Eva im Paradies. Die Vertreibung

Genesis 3,20

Adam nannte seine Frau Eva (Leben).

Genesis 4,1-2

Adam und Evas Söhne Kain und Abel werden geboren.

Genesis 4,25

Set (»Setzling«) wird geboren. Eva sagt: Gott setzte mir anderen Nachwuchs ein für Abel, weil ihn Kain erschlug.

Genesis 5,2-4

Menschen sind als Mann und Frau erschaffen. Weitere Söhne und Töchter Adams und Evas.

Tobit 8,6

Du hast Adam erschaffen und hast ihm Eva zur Frau gegeben.

Jesus Sirach 25,24

Von einer Frau nahm die Sünde ihren Anfang, ihretwegen müssen wir alle sterben.

2 Korinther 11,3

Die Schlange betrog Eva mit ihrer List.

1 Timotheus 2,13-15

Adam wurde zuerst erschaffen, danach Eva. Adam wurde nicht verführt, die Frau wurde verführt.

Evodia »Guter Weg« → siehe Syntyche

Philipper 4,2-3

Evodia und Syntyche leben als Christinnen in der Stadt Philippi. Paulus ermahnt sie, sich zu vertragen.

F

Feindin

Genesis 3,15

Ich will Feindschaft setzen zwischen dir (Schlange) und der Frau.

Sprichwörter 11,16

… die Feindin der Sitten

Ezechiel 16,27

Ich lieferte dich deinen rachgierigen Feindinnen aus, den Philisterinnen.

Micha 7,8-10

Freue dich nicht über mich, meine Feindin!

Frauen (Auswahl)

Ester 2,3.9-14

Der Frauenpalast auf der Burg Susa

Kohelet 7,26-28

Stärker als der Tod ist die Frau. … Wem Gott wohlwill, der kann sich vor ihr retten …

Kohelet 9,9

Mit einer Frau, die du liebst, genieße das Leben alle Tage deines Lebens.

Jesus Sirach 9,1-9

Über den richtigen Umgang mit Frauen

Jesus Sirach 25,13-26; 26,5-12

Schmähworte über böse Frauen

Jesus Sirach 26,1-4; 26,13-18

Lob der guten Frau

Jesus Sirach 26,27

Eine großsprecherische und zungenfertige Frau erscheint wie eine schmetternde Kriegstrompete.

Jesus Sirach 36,29

Wer eine Frau gewinnt, macht den allerbesten Gewinn.

Jesus Sirach 42,14

Besser ein unfreundlicher Mann als eine freundliche Frau.

Jesaja 32,9-14

Die leichtsinnigen Frauen. … Zittert, ihr Sorglosen, erschreckt, ihr selbstsicheren Frauen …

Jeremia 9,16-20

Ruft die Klagefrauen herbei! Schickt nach den weisen Frauen! Sie sollen kommen.

Jeremia 38,22-23

Die Frauen klagen: Überlistet, hereingelegt haben dich (König Zidkija) deine guten Freunde.

Jeremia 41,16

Frauen, Kinder, Palastbeamte werden aus Mizpa weggeführt.

Jeremia 44,9.20.24

Der Prophet spricht zum Volk und zu den Frauen.

Jeremia 51,22

Mit der Waffe (Babel) zerschlug ich Mann und Frau, Greis und Kind, Knabe und Mädchen.

Baruch 6,29

Wie könnte man sie Götter nennen? Sogar Frauen bringen ihnen Opfer dar, diesen Göttern aus Silber, Gold und Holz.

Daniel 14,15-22

In der Nacht kamen wie gewöhnlich die Priester mit ihren Frauen und Kindern; sie aßen alles auf (das Opfer für Bel) und tranken den Wein.

Hosea 2,4-17

Der Prozess gegen das treulose Israel: Verklagt eure Mutter, … denn sie ist nicht meine Frau.

Hosea 3,1-3

Die Wiederaufnahme der treulosen Frau

Amos 7,17

Deine Frau wird in der Stadt als Dirne leben.

Micha 2,9-10

Die Frauen meines Volkes vertreibt ihr.

Sacharja 5,5-11

Die Geschichte von der Frau (Ruchlosigkeit) im Fass

Sacharja 8,4-5

Greise und Greisinnen werden wieder auf den Plätzen Jerusalems sitzen.

Sacharja 12,12-14
Das Land wird trauern, jede Sippe für sich … und ihre Frauen für sich.

Matthäus 15,38
Frauen und Kinder bei der Speisung der Viertausend

Matthäus 18,25
Der Schuldner soll Frau und Kinder verkaufen.

Matthäus 24,19
Weh aber den Frauen, die in jenen Tagen schwanger sind oder ein Kind stillen.

Matthäus 24,41
Zwei Frauen, die mit derselben Mühle mahlen …

Lukas 23,28
Ihr Frauen von Jerusalem, weint nicht über mich, weint über euch und eure Kinder.

Lukas 24,24
Einige fanden alles so, wie die Frauen gesagt hatten.

Johannes 20,13
Die Engel: Frau, warum weinst du?

Johannes 20,15
Jesus: Frau, warum weinst du?

Apostelgeschichte 8,3
Saulus schleppt Männer und Frauen fort und liefert sie ins Gefängnis.

Apostelgeschichte 8,12
Männer und Frauen lassen sich von Philippus taufen.

Apostelgeschichte 9,2
Um die Anhänger des neuen Weges, Männer und Frauen, … zu fesseln und nach Jerusalem zu bringen.

Apostelgeschichte 16,13
Frauen treffen sich in Philippi an der Gebetsstätte am Fluss.

Apostelgeschichte 17,12
Nicht wenige der vornehmen griechischen Frauen und Männer werden gläubig.

Römer 1,26-31
Sexualverhalten von Frauen und Männern

1 Korinther 9,5
Haben wir nicht das Recht, eine gläubige Frau mitzunehmen?

1 Korinther 11,2-16
Das Verhalten der Frauen im Gottesdienst

1 Korinther 14,33-35
Frauen sollen in der Versammlung schweigen.

Galater 3,28
Es gibt nicht mehr Juden und Griechen, nicht Sklaven und Freie, nicht Mann und Frau; denn ihr alle seid einer in Christus Jesus.

Galater 4,4
Als aber die Zeit erfüllt war, sandte Gott seinen Sohn, geboren von einer Frau.

1 Timotheus 2,9-15; 3,11
Frauen sollen sich anständig kleiden, sich still verhalten und zuverlässig sein.

1 Timotheus 5,2
Rede mit älteren Frauen wie mit Müttern, mit jüngeren wie mit Schwestern, in aller Zurückhaltung.

Titus 2,3-5
Die älteren Frauen sollen würdevoll sein. Sie sollen auf die jüngeren Frauen Acht geben.

Hebräer 11,35
Frauen haben ihre Toten durch Auferstehung zurück erhalten.

1 Petrus 3,1-7
Frauen sollen sich Männern unterordnen, Männer im Umgang mit ihren Frauen rücksichtsvoll sein.

Offenbarung 12,13-18
Der Drache kämpft gegen die Frau.

Offenbarung 19,7-9
Die Frau des Lammes ist in strahlend reines Leinen gekleidet.

Frauenkleid/Frauenliebe/Frauenschönheit (Auswahl)

Deuteronomium 22,5
Ein Mann soll nicht Frauenkleider anziehen.

2 Samuel 1,24
Ihr Töchter Israels, um Saul müsst ihr weinen; er hat euch in köstlichen Purpur gekleidet, hat goldenen Schmuck auf eure Gewänder geheftet.

2 Samuel 1,26

David klagt über Jonatan: Wunderbarer war deine Liebe für mich als die Liebe der Frauen.

Judit 10,3; 16,8

Sie ordnete ihre Haare, setzte ein Diadem auf und zog die Festkleider an.

Psalm 30,12

Du hast mir das Trauergewand ausgezogen und mich mit Freude umgürtet.

Jesus Sirach 9,8

An Frauenschönheit sind schon viele zugrunde gegangen.

Baruch 6,27-32

Sogar Frauen bringen den Götzen Opfer dar; von ihren Gewändern nehmen die Priester und kleiden damit ihre Frauen und Kinder.

1 Timotheus 2,9

Die Frauen sollen sich anständig kleiden, nicht Haartracht, Gold, Perlen oder kostbare Kleider seien ihr Schmuck, sondern gute Werke; so gehört es sich für Frauen, die gottesfürchtig sein wollen.

1 Petrus 3,3

Nicht auf äußeren Schmuck sollt ihr Wert legen, auf Haartracht, Gold und prächtige Kleider.

Offenbarung 12,1-6

Dann erschien ein großes Zeichen am Himmel: Eine Frau mit der Sonne bekleidet, der Mond war unter ihren Füßen und ein Kranz von zwölf Sternen auf ihrem Haupt.

Frauenraub

Richter 19,1-30; 21,1-14

Die Vergewaltigung einer Nebenfrau und die Rache der Israeliten. Die Vorgeschichte für den Frauenraub von Schilo

Richter 21,15-25

Der Frauenraub von Schilo

Die Frau des Zebedäus

Matthäus 20,20-28

Die Frau des Zebedäus, vermutlich heißt sie Salome, bittet Jesus, sich in der zukünftigen Welt um ihre beiden Söhne Jakobus und Johannes zu kümmern.

Matthäus 27,55-56

Sie hält sich mit anderen Frauen in der Nähe des Kreuzes auf.

Freien (Auswahl) (in der Einheitsübersetzung ist »freien« mit »werben«, »geben« u. Ä. umschrieben)

Genesis 29,18-21

Jakob dient Laban sieben Jahre. Rahel war der Lohn.

Genesis 38,6

Juda freite seinem Erstgeborenen Er eine Frau namens Tamar (I).

Richter 12,9

Dreißig Töchter freite Ibzan (Jiftachs Nachfolger) seinen Söhnen von auswärts.

Richter 14,2-3

Simson fordert seinen Vater und seine Mutter auf, ihm eine Philisterin zu freien.

2 Samuel 3,14

Michal, die David sich für die einhundert Vorhäute gefreit hat.

1 Makkabäer 3,56

Die gerade eine Frau geheiratet hatten, ließ er nach Hause gehen.

Fremde (Auswahl)

Rut 2,10

Ich bin ja nur eine Fremde.

1 Makkabäer 3,45

Söhne der Fremden hausen auf der Burg.

Sprichwörter 2,16; 6,24; 7,5

… dich bewahrt vor der Fremden, die glatte Worte spricht.

Sprichwörter 5,3

Von Honigseim triefen die Lippen der Fremden.

Sprichwörter 5,20

Warum wolltest du den Busen einer Fremden umfassen?

Sprichwörter 5,1-23; 7,1-27
Die Warnung an den Sohn vor der fremden Frau

Sprichwörter 23,27
Ein enger Brunnen ist die Fremde.

Jesus Sirach 26,19
Gib deine Kraft nicht an die Fremde hin.

Freude (Auswahl)

Nehemia 8,10
Macht euch keine Sorgen, denn die Freude am Herrn ist eure Stärke.

Nehemia 12,43
Denn Gott hatte ihnen eine große Freude bereitet.

Psalm 4,8
Du legst mir größere Freude ins Herz, als andere haben bei Korn und Wein in Fülle.

Psalm 16,11
Du zeigst mir den Pfad zum Leben. Vor deinem Angesicht herrscht Freude in Fülle.

Psalm 30,12
Du hast mir das Trauergewand ausgezogen und mich mit Freude umgürtet.

Psalm 43,4
So will ich zum Altar Gottes treten, zum Gott meiner Freude.

Psalm 45,16
Man geleitet sie mit Freude und Jubel.

Psalm 51,10
Sättige mich mit Entzücken und Freude!

Psalm 97,11
Ein Licht erstrahlt den Gerechten und Freude den Menschen mit redlichem Herzen.

Psalm 100,2
Dient dem Herrn mit Freude! Kommt vor sein Antlitz mit Jubel!

Psalm 106,5
Lass mich das Glück … schauen, an der Freude deines Volkes mich freuen …

Psalm 119,47
An deinen Geboten habe ich meine Freude, ich liebe sie von Herzen.

Sprichwörter 8,31
Die Weisheit spricht: … und meine Freude war es, bei den Menschen zu sein.

Sprichwörter 14,13
Auch beim Lachen kann ein Herz leiden, das Ende der Freude ist Gram.

Kohelet 2,1-2
Ich dachte mir: Auf, versuch es mit der Freude, genieße das Glück! …

Kohelet 8,15
Da pries ich die Freude …

Jesaja 9,2
Du erregst lauten Jubel und schenkst große Freude.

Jesaja 12,3
Ihr werdet Wasser schöpfen voll Freude aus den Quellen des Heils.

Jesaja 40,9
Steig auf einen hohen Berg, Zion, du Botin der Freude!

Jesaja 55,12
Voll Freude werdet ihr fortziehen, wohlbehalten kehrt ihr zurück.

Jeremia 31,12-13
… sie strahlen voll Freude über die Gaben des Herrn …

Zefanja 3,14
Freu dich und frohlocke von ganzem Herzen, Tochter Jerusalem!

Lukas 2,10
Fürchtet euch nicht, denn ich verkünde euch eine große Freude.

Johannes 15,11
Dies habe ich euch gesagt, damit meine Freude in euch ist …

Johannes 16,20-24
… aber euer Kummer wird sich in Freude verwandeln …

Apostelgeschichte 2,28
Du erfüllst mich mit Freude vor deinem Angesicht.

Apostelgeschichte 12,14

Vor Freude machte sie das Tor nicht auf.

Römer 14,17

… das Reich Gottes ist … Gerechtigkeit, Friede und Freude am Heiligen Geist.

Römer 15,13

Der Gott der Hoffnung aber erfülle euch mit aller Freude …

Galater 5,22

Die Frucht des Geistes ist Liebe, Freude, Friede, Langmut, Freundlichkeit …

1 Thessalonicher 2,19-20

Wer ist unsere Hoffnung, unsere Freude … ? Nicht etwa auch ihr?

Hebräer 1,9

… darum hat dein Gott dich gesalbt mit dem Öl der Freude …

Freundin

Richter 11,37-38

Jiftachs Tochter geht mit ihren Freundinnen in die Berge, um ihre Jugend zu beweinen.

Psalm 45,15

Man geleitet sie (die Braut) in buntgestickten Kleidern zum König, Jungfrauen sind ihr Gefolge, ihre Freundinnen führt man zu dir …

Sprichwörter 7,4

… und nenne die Klugheit deine Freundin.

Das Hohelied 1,9

Der Stute vergleiche ich dich, meine Freundin.

Das Hohelied 1,15; 4,1

Wie schön bist du, meine Freundin, wie schön!

Das Hohelied 2,2

Eine Lilie unter den Disteln ist meine Freundin unter den Mädchen.

Das Hohelied 2,10.13

Auf, meine Freundin, meine Schöne, komm!

Das Hohelied 4,7

Alles ist schön an dir, meine Freundin.

Das Hohelied 5,2

Tue mir auf, meine Schwester, meine Freundin.

Das Hohelied 6,4
Schön bist du, meine Freundin, wie Tirza (I).
Lukas 15,9
Und wenn sie die Drachme gefunden hat, ruft sie ihre Freundinnen und Nachbarinnen.

Fürstin → siehe Herrin
Genesis 17,15
Sara (I) (»Herrin«, andere Übersetzungen »Fürstin«) soll sie heißen.
Richter 5,29
Eine Kluge unter ihren Fürstinnen antwortete ihr …
Ester 1,18
Von heute an werden alle Fürstinnen Persiens und Mediens, die vom Verhalten der Königin hören, widerspenstig werden.
Jesaja 49,23
… und Fürstinnen werden deine Ammen sein.
Klagelieder 1,1
Die Fürstin über die Länder ist zur Fron erniedrigt.

Fußkettchen/Fußspangen
Judit 10,4
Judit (II) legt ihre Fußspangen, Armbänder, Fingerringe … an.
Jesaja 3,16
Weil sie mit ihren Fußspangen klirren, wird der Herr …
Jesaja 3,17-20
An jenen Tagen wird der Herr wegnehmen Fußkettchen und Fußspangen.

G

Gatte/Gattin (in der Einheitsübersetzung auch Gemahl, Gemahlin, ihr Mann, seine Frau genannt)
Rut 1,9
… eine jede im Hause eines Gatten

2 Samuel 11,26
Die Frau Urijas (Batseba) hielt die Totenklage für ihren Gemahl.
2 Samuel 17,3
… dann will ich alles Volk zu dir zurückbringen, wie eine Neuvermählte zu ihrem Mann heimgeholt wird.
1 Könige 11,19
Der Pharao gab ihm die Schwester seiner Gemahlin zur Frau.
Tobit 3,15
… dessen Frau ich werden musste.
Judit 8,7; 10,3; 16,22-24
Judits (II) verstorbener Gatte war Manasse.
Sprichwörter 12,4
Eine wackere Frau ist eines Gatten Krone.
Sprichwörter 31,11
Das Herz des Gatten vertraut auf sie.
Sprichwörter 31,28
Ihr Gatte ist voll ihres Lobes.
Jesus Sirach 15,2
Wie eine junge Gattin nimmt sie ihn auf.
Jesus Sirach 36,28
… so zählt ihr Gatte nicht zu den gewöhnlichen Menschen.
Jesus Sirach 37,11
Besprich dich nicht mit einer Gattin wegen ihrer Nebenfrau.
Jesus Sirach 42,10
… im Hause ihres Gatten
Matthäus 18,25
Weil er das Geld nicht zahlen konnte, sollte er Frau und Kinder und alles, was er besaß, verkaufen.
Matthäus 19,29; Markus 10,29-30
Häuser, Brüder, Schwestern, Vater, Mutter, Kinder, Äcker um Jesu Willen verlassen
Apostelgeschichte 24,24
Felix und seine Gemahlin Drusilla hören Paulus zu.
Kolosser 3,19
Ihr Männer, liebt eure Frauen, und seid nicht aufgebracht gegen sie!

Geburt/gebären

Genesis 17,1; 21,1
Verheißung von Isaaks Geburt

Genesis 35,16-20
Rahel stirbt bei der Geburt von Benjamin.

Genesis 38,28
Bei der Geburt streckte eines der Kinder seine Hand vor.

Exodus 1,16-19
Wenn ihr den Hebräerinnen Geburtshilfe leistet …

Exodus 2,1-10
Moses Geburt und Rettung

Richter 13,1-25
Simsons Geburtsankündigung und Geburt

1 Samuel 4,19-22
Elis Schwiegertochter stirbt an einer Sturzgeburt.

2 Könige 19,3; Jesaja 26, 17-18, 37,3; 66,7-9
Kindlein sind bis zur Geburt gelangt.

Jesus Sirach 48,19; Psalm 48,7; Jesaja 13,8
Da wanden sie sich wie eine Gebärende.

Kohelet 3,1-2
Alles hat seine Stunde. … eine Zeit zum Gebären und eine Zeit zum Sterben …

Kohelet 11,5
Ebensowenig, wie du das Werden des Kindes im Leib der Schwangeren erkennen kannst, so kannst du auch das Tun Gottes nicht erkennen.

Weisheit 7,1-6
Kein König trat anders ins Dasein (als durch Zeugung und Geburt).

Jesaja 21,3
Wie die Wehen einer Gebärenden

Jesaja 42,14; Jeremia 22,23
Ich will schreien wie eine Gebärende.

Jesaja 54,1-8; Galater 4,27
Freu dich, du Unfruchtbare, die nie gebar …, brich in Jubel aus und jauchze.

Jeremia 15,10; 20,14; Ijob 3,1-20
Weh mir, Mutter, dass du mich geboren hast.

Jeremia 22,26
Ich schleudere dich (Jojachin) samt deiner Mutter, die dich gebar, in ein anderes Land.

Jeremia 30,6

Warum sehe ich alle Männer mit den Händen auf den Hüften wie eine Gebärende?

Jeremia 31,8-9

Ich bringe die Schwangeren und Gebärenden heim.

Jeremia 50,12

Große Schmach trifft eure Mutter; sie, die euch geboren hat, muss sich schämen.

Ezechiel 16,3-6

Bei deiner Geburt (Jerusalem) wurde deine Nabelschnur nicht abgeschnitten.

Hosea 9,11

Keine Geburt mehr, keine Schwangerschaft, keine Empfängnis für den Stamm Benjamin.

Hosea 13,13

Es kommen die Wehen für seine Geburt.

Micha 4,9-10

… dass dich (Tochter Zion) Wehen erfassen wie eine Gebärende.

Matthäus 1,18-25; Lukas 1,30-35

Ankündigung der Geburt Jesu

Matthäus 24,19

Weh den Frauen, die in jenen Tagen schwanger sind oder ein Kind stillen.

Lukas 1,11-13.57

Die Ankündigung und die Geburt Johannes des Täufers

Lukas 2,1-20

Die Geburt Jesu

Johannes 3,1-13

Jesus und Nikodemus unterhalten sich über Geburt und Wiedergeburt.

Johannes 16,21

Wenn die Frau geboren hat, denkt sie nicht mehr an die Not.

Römer 9,9

Es ist eine Verheißung, wenn gesagt wird: In einem Jahr … wird Sara (I) einen Sohn haben.

Römer 9,10-13

Das Schicksal von Rebekkas Kindern ist schon vor ihrer Geburt festgelegt.

Galater 4,18-19
Meine Kinder, um die ich abermals Geburtsschmerzen leide.

Offenbarung 12,1-6
Die Geburt des Sohnes.

Gefangene Frauen (Auswahl)

Numeri 31,9-24
Gefangene Frauen im Midianiterkrieg

Deuteronomium 20,14
Gefangene Frauen im Krieg gegen Städte

Deuteronomium 21,10-14
Heirat mit einer Kriegsgefangenen

1 Samuel 30,2-6.18-19.22
Davids Frauen als Gefangene

2 Könige 5,2-14
Eine Gefangene (Dienerin) im Hause Naaman verhilft ihm dazu, dass er vom Aussatz geheilt wird.

2 Chronik 28,8; 29,9
Zweihunderttausend gefangene israelitische Frauen, Söhne und Töchter werden nach Samaria gebracht.

Gesetze/Vorschriften (in Bezug auf Frauen) (Auswahl)

Exodus 21,2-6
Sklavenehe

Exodus 21,7-11
Tochter als Sklavin verkauft

Exodus 21,15-17
Misshandlung von Vater und Mutter

Exodus 21,20-27
Körperverletzung einer Frau, Sklavin, Schwangeren

Exodus 22,15-16
Verführung einer Jungfrau

Exodus 22,17
Eine Hexe sollst du nicht am Leben lassen.

Exodus 22,21-23
Witwen und Waisen

Exodus 23,12
Sohn einer Sklavin

Exodus 23,19
Opfervorschriften
Exodus 23,26
Bei Einhaltung der Bundesgesetze wird es keine Fehlgeburten und keine kinderlosen Frauen geben.
Levitikus 18,22; Römer 1,26-27
Gesetze bezüglich Sexualverhalten
Ezechiel 13,17-23
Wehe den Frauen, die Zauberbinden und Zaubermützen nähen!

Gibea »Hügel« (geografisch) (Auswahl)
Richter 19,1-30; 20,1-10
Die Schandtat der Männer von Gibea. Die Männer verweigern einem Leviten aus Efraim die Gastfreundschaft und vergewaltigen seine Nebenfrau zu Tode.
Hosea 9,9; 10,9
Hosea nimmt Bezug auf die Vergewaltigung und Ermordung der Nebenfrau in Gibea.

Gibeon »Höhe« (geografisch) (Auswahl)
2 Samuel 21,4-14
Die Hinrichtung der sieben Söhne Sauls, deren Leichen Rizpa bewacht, fand in Gibeon statt.
1 Könige 3,2-4
In Gibeon befindet sich die angesehenste Kulthöhe. Salomo legt dort tausend Brandopfer auf den Altar.
1 Chronik 16,39
David opfert dem Herrn auf der Kulthöhe Gibeon.
2 Chronik 1,3-6
Auf der Kulthöhe befindet sich das Offenbarungszelt des Mose. Salomo opfert dort.

Gideons Frauen
Richter 8,30-9,3
Gideon hatte siebzig leibliche Söhne, denn er hatte viele Frauen.

Gomer I »Erfüllung«

Hosea 1,2-3

Der Prophet Hosea heiratet die Kultdirne Gomer, Tochter des Diblajim.

Hosea 1,3-4

Gomers Sohn ist Jesreel.

Hosea 1,6; 2,3.25

Gomers Tochter ist Lo-Ruhama, »Kein Erbarmen«. Später heißt sie Ruhama, »Erbarmen«.

Hosea 1,8

Als Gomer Lo-Ruhama entwöhnt hat, wird sie wieder schwanger und bekommt noch einen Sohn.

Gomer II (geografisch) etwa Phrygien

Gottessöhne und Menschentöchter

Genesis 6,1-4

Gottessöhne verlieben sich in Menschentöchter. Ihre Kinder sind Riesen, die Helden der Vorzeit.

H

Haar (Auswahl)

Judit 10,3; 16,8

Sie ordnete ihre Haare, setzte ein Diadem auf und zog die Festkleider an.

Das Hohelied 4,1

Dein Haar gleicht einer Herde von Ziegen, die herabzieht von Gileads Bergen.

Lukas 7,38.44; Johannes 11,2; 12,3

Sie trocknete seine Füße mit ihrem Haar.

1 Korinther 11,2-16

Frauen sollen ihre Haare im Gottesdienst verhüllen.

1 Timotheus 2,9

Die Frauen sollen sich anständig kleiden, nicht Haartracht, Gold, Perlen oder kostbare Kleider seien ihr Schmuck.

1 Petrus 3,3

Nicht auf äußeren Schmuck sollt ihr Wert legen, auf Haartracht, Gold und prächtige Kleider.

Offenbarung 9,8

Ihr Haar ist wie Frauenhaar.

Hadassa »Myrte«

Hadassa ist der hebräische Name von Ester
→ siehe Ester

Hagar → siehe Sara I

Genesis 16,1-16

Hagar, die Ägypterin, Saras (I) Sklavin, wird Abrahams Nebenfrau. Ihr Sohn Ismael wird geboren.

Genesis 21,9-21

Hagar flieht vor Saras (I) Eifersucht in die Wüste.

Genesis 25,12-18

Hagars Nachkommen

Genesis 28,9; 36,2

Mahalat (I)/Basemat (I) ist eine Tochter Ismaels, Hagars und Abrahams Enkelin. Esau nimmt sie zur Frau.

Baruch 3,23

Auch die Söhne der Hagar, die überall auf der Erde nach Einsicht suchen, … auch sie haben den Weg der Weisheit nicht erkannt.

Galater 4,22-31

Hagar bedeutet »Berg Sinai«. Allegorische Deutung der Söhne von Sara (I) und Hagar.

Hagariter

1 Chronik 5,10.18-22

Ein Volksstamm im Ostjordanland

1 Chronik 27,31

Jasis, der Hagariter, ist verantwortlich für die Schafe und Ziegen des Königs David.

Psalm 83,6-7

Ismaeliter und Hagariter, Feinde Israels im Ostjordanland

Haggit »Geboren an einem Festtag«

→ siehe Davids Frauen

2 Samuel 3,4; 1 Chronik 3,2

Haggit ist eine Frau von König David. Ihr Sohn ist Adonija, Davids vierter Sohn.

1 Könige 1,5-27

Adonija, Haggits Sohn, will nach Davids Tod als sein ältester noch lebender Sohn die Nachfolge seines Vaters antreten, wird aber von Batseba daran gehindert.

1 Könige 2,13-18

Adonija, Sohn der Haggit, bittet Batseba um Vermittlung bei Salomo.

1 Könige 2,19-25

Adonija, Sohn der Haggit, will Davids junge Witwe Abischag von Schunem heiraten. Salomo lässt ihn hinrichten.

Hamutal »Mein Schwager ist Tau«

2 Könige 23,30-31

Hamutal ist die Tochter des Jirmeja aus Libna. Sie ist die Frau von König Joschija von Juda. Ihr erster Sohn ist Joahas, König von Juda.

2 Könige 24,18; Jeremia 52,1

Hamutals zweiter Sohn ist Zidkija, König von Juda.

Handpauke

Genesis 31,27

Ich (Laban) hätte dir gern das Geleit gegeben mit Gesang, Pauken und Harfen.

Exodus 15,20

Die Prophetin Mirjam (I) … nahm die Pauke in die Hand, und alle Frauen zogen mit Paukenschlag und Tanz hinter ihr her. Und Mirjam sang: …

Richter 11,34

Als Jiftach nun nach Mizpa zu seinem Haus zurückkehrte, da kam ihm seine Tochter entgegen; sie tanzte zur Pauke.

1 Samuel 10,5

Dort wirst du (Saul) eine Schar von Propheten treffen, die von der Kulthöhe herabkommen, und vor ihnen wird Harfe, Pauke, Flöte und Zither gespielt.

1 Samuel 18,6

Frauen aus allen Städten Israels zogen König Saul singend und tanzend mit Handpauken, Freudenrufen und Zimbeln entgegen. Die Frauen spielten und riefen voll Freude: …

2 Samuel 6,5; 1 Chronik 13,8

David und das ganze Haus Irael tanzten und sangen vor dem Herrn mit ganzer Hingabe und spielten auf Zithern, Harfen und Pauken, mit Rasseln und Zimbeln und Trompeten.

Ijob 21,11-12

Wie Schafe treiben sie ihre Kinder aus, ihre Kleinen tanzen und springen. Sie singen zur Pauke und Harfe, erfreuen sich am Klang der Flöte.

Psalm 68,26

Voraus die Sänger, die Saitenspieler danach, dazwischen Mädchen mit kleinen Pauken

Psalm 81,3

Stimmt an den Gesang, schlagt die Pauke, die liebliche Laute, dazu die Harfe!

Psalm 149,3

Seinen Namen sollen sie loben beim Reigentanz, ihm spielen auf Pauken und Harfen.

Psalm 150,3-5

Lobt ihn mit dem Schall der Hörner, lobt ihn mit Harfe und Zither! Lobt ihn mit Pauken und Tanz, lobt ihn mit Flöten und Saitenspiel! Lobt ihn mit hellen Zimbeln, lobt ihn mit klingenden Zimbeln!

Jesaja 5,12

Bei ihren Gelagen spielt man Zither und Harfe, Pauken und Flöten.

Jesaja 24,8

Verstummt ist der fröhliche Klang der Trommeln, der Lärm der Übermütigen ist zu Ende, verstummt ist der fröhliche Klang der Zither.

Jeremia 31,4

Ich baue dich wieder auf, … Jungfrau Israel. Du sollst dich wieder schmücken mit deinen Pauken, sollst ausziehen im Reigen der Fröhlichen.

Hanna I »Gnade«

1 Samuel 1,1-28

Hanna, Lieblingsfrau des Elkana, leidet unter ihrer Kinderlosigkeit. Sie legt während des Opferfestes im Tempel zu Rama ein Gelübde ab. Sie wird schwanger und bringt Samuel zur Welt.

1 Samuel 2,1-10

Das Danklied der Hanna ist Vorbild für das Magnifikat.

1 Samuel 2,18-21

Hanna besucht ihren Sohn Samuel regelmäßig im Tempelheiligtum Rama. Sie bekommt weitere Kinder.

Hanna II »Gnade« → siehe Sara II

Tobit 1,9

Hanna ist die Frau von Tobit. Sie ist die Mutter von Tobias.

Tobit 1,20; 2,1

Mutter und Sohn

Tobit 2,11-14

Hanna fertigt Webarbeiten an und verkauft sie. Streitgespräch der Eheleute

Tobit 4,3-4

Tobias wird die Sorge für seine Mutter aufgetragen.

Tobit 5,18-23

Hanna sorgt sich um Tobias.

Tobit 10,1-7

Hanna und Tobit sorgen sich um Tobias.

Tobit 11,5-6

Hanna setzt sich an den Weg und wartet auf Tobias' Rückkehr.

Tobit 11,9

Hanna und Tobias weinen vor Wiedersehensfreude.

Tobit 14,12

Hanna stirbt in Ninive.

Hanna III »Gnade«

Lukas 2,36-38

Die Prophetin Hanna begrüßt das Jesuskind im Tempel zu Jerusalem.

Hazlelponi »Gib mir Schatten, der du dich zu mir wendest!«

1 Chronik 4,3

Hazlelponi ist eine Tochter von Etam. Sie hat drei Brüder. Ihre Ahnfrau ist Efrata (I).

Hebamme
Genesis 35,16-19
Die Hebamme hilft Rahel bei Benjamins Geburt. Sie redet mit ihr, als Rahel stirbt.
Genesis 38,27-30
Als Tamar (I) Zwillinge bekommt, bindet die Hebamme einen roten Faden um Serachs Handgelenk, bevor er geboren wird.
Exodus 1,15-22
Der Pharao befiehlt den beiden Hebammen Pua und Schifra, die neugeborenen Söhne der Hebräerinnen zu töten.

Hefzi-Bah »Meine Lust an dir«
2 Könige 21,1
Hefzi-Bah ist Mutter des Königs Manasse von Juda.

Heilung einer Frau am Sabbat
Lukas 13,10-17
Jesus heilt die gekrümmte Frau am Sabbat in der Synagoge.

Hela »Rostfarben« → siehe Naara I
1 Chronik 4,5-7
Hela und Naara (I), zwei Frauen des Aschhur. Helas Söhne sind Zeret, Zohar, Etnan. Sie ist Mutter mehrerer Clans.

Herodias
Matthäus 14,3-12; Markus 6,17-29
Herodias, Enkelin von Herodes d. Gr., ist in zweiter Ehe mit Herodes Antipas verheiratet. Ihr erster Ehemann war Herodes Philippus. Der Name ihrer Tochter ist als Salome überliefert. Herodias stachelt Herodes mit Salomes Hilfe an, den Täufer Johannes enthaupten zu lassen.
Lukas 3,19-20
Johannes der Täufer tadelt Herodias wegen ihrer Ehe mit Herodes Antipas.
Levitikus 18,16; 20,21
Der Beischlaf mit der Frau eines Bruders oder Halbbruders ist verboten. Weil Johannes der Täufer auf dieses Gesetz hinweist, muss er sterben.

Herrin → siehe Fürstin

Genesis 16,4

Als Hagar merkte, dass sie schwanger war, verlor ihre Herrin Sarai (Sara I) bei ihr an Achtung.

Genesis 16,8-9

Hagar ist ihrer Herrin davongelaufen. Der Engel schickt sie zurück.

Genesis 17,15

Sarai soll jetzt Sara (I) (Herrin) heißen.

1 Könige 2,19; 2 Könige 10,13

Die Söhne der Herrin (Königinmutter)

1 Könige 15,13-15; 2 Chronik 15,16-18

König Asa enthebt seine Großmutter Maacha (III) ihrer Stellung als Herrin.

2 Könige 5,3

Das Mädchen sagt zu seiner Herrin (Frau Naaman) …

Psalm 123,2

Wie die Magd auf die Hand ihrer Herrin schaut …

Sprichwörter 30,23

Eine Sklavin, die eine Herrin verdrängt …

Jesus Sirach 41,18

Schäme dich … vor dem Herrn und der Herrin des Betrugs.

Jesaja 24,2

Es geht der Magd wie der Herrin …

Jesaja 47,5.7

Dann nennt dich niemand mehr »Herrin der Reiche«, Tochter Chaldäas (Babylon).

Jeremia 13,18

Sag zum König und sag zur Herrin (Königinmutter)

Jeremia 29,2

Nachdem Jojachin, die Herrin (Königinmutter Nehuschta), die Hofbeamten und … aus Jerusalem fortgezogen waren.

2 Johannes 1

Der Älteste an die von Gott auserwählte Herrin und an ihre Kinder

2 Johannes 5

Ich bitte dich, Herrin, … dass wir einander lieben sollen.

Hetiterin
Genesis 27,46
Rebekka: Mir ist das Leben verleidet wegen der Hetiterinnen (Esaus Frauen).
1 Könige 11,1
König Salomo liebte viele ausländische Frauen: Hetiterinnen …
Ezechiel 16,3.45
Ezechiel stammt aus Kanaan. Seine Mutter war eine Hetiterin.

Hexe
Exodus 22,17; Levitikus 20,27
Eine Hexe (Zauberin) sollst du nicht am Leben lassen.
1 Samuel 28,3-25
König Saul bei der Totenbeschwörerin (auch Hexe genannt) von En Dor

Himmelskönigin (Ischtar/Astarte)
Jeremia 7,18
Die Frauen kneten den Teig, um Opferkuchen für die Himmelskönigin zu backen.
Jeremia 44,17-19
Rauch- und Trankopfer für die Himmelskönigin
Jeremia 44,20-30
Jeremia droht den Frauen Strafe an, weil sie der Himmelskönigin Opfer darbringen.

Hochzeit zu Kana
Johannes 2,1-12
Maria (I) gibt den Dienern im Hochzeitshaus Anweisungen und löst dadurch das erste Wunder ihres Sohnes Jesus aus.

Hodesch »Geboren am Neumondstag«
1 Chronik 8,9
Nachdem er seine Frauen Huschim und Baara entlassen hatte, zeugte Schaharajim mit seiner (neuen) Frau Hodesch im Grünland von Moab Söhne. Hodesch ist die Mutter von sieben Großfamilien.

Hoffnung (Auswahl)
Ijob 5,16
Hoffnung wird den Geringen zuteil.
Ijob 11,18
Du fühlst dich sicher, weil noch Hoffnung ist; geborgen bist du …
Ijob 14,7
Denn für den Baum besteht noch Hoffnung, ist er gefällt, so treibt er wieder.
Psalm 62,6
… denn von Gott kommt meine Hoffnung.
Psalm 71,5
Du bist ja meine Zuversicht, meine Hoffnung von Jugend auf.
Psalm 119,116
Lass mich in meiner Hoffnung nicht scheitern.
Sprichwörter 23,18
Deine Hoffnung wird nicht zerschlagen.

Hogla »Rebhuhn«
Numeri 26,33
Hogla ist eine der fünf Töchter des Zelofhad.
Numeri 27,1-11
Hogla und ihre Schwestern lassen das Erbrecht für Töchter festlegen.
Numeri 36,1-13
Hogla und ihre Schwestern Noa, Machla (I), Milka (II) und Tirza (I) heiraten ihre Stammes-Vettern.
Josua 17,3-5
Hogla und ihre Schwestern setzen ihren Erbanspruch im Stamm Manasse durch.

Hulda »Maulwurf«
2 Könige 22,14-20; 2 Chronik 34,22-28
Hulda ist Stadtprophetin von Jerusalem. Ihr Mann ist Schallum. König Joschija erbittet von Hulda einen wichtigen Rat.

Hungernde Frau
2 Könige 6,26-30
Der König von Israel ist entsetzt über die Hungersnot, die zu Kannibalismus führt.

Huschim → siehe auch Baara; Hodesch
1 Chronik 8,8-11
Huschim ist eine der verstoßenen Frauen des Benjaminiters Schaharajim. Sie ist die Mutter von Abitub und Elpaal.

I

Ijobs Frau
Ijob 1,2
Ijob wurden sieben Söhne und drei Töchter geboren.
Ijob 2,9
Ijobs Frau sagt verbittert: »Lästere Gott und stirb.«
Ijob 19,17
Ijob klagt: »Mein Atem ist meiner Frau zuwider.«
Ijob 42,12-15
Ijob wird nach seiner Prüfung durch Gott wieder reich und bekommt erneut zehn Kinder, drei Töchter und sieben Söhne.

Ischtar (Göttin) → siehe Himmelskönigin
Assyro-babylonische Göttin der Liebe und des Krieges, Tochter der Mondgöttin Sin und Schwester des Sonnengottes Schamasch. Ischtar wird mit dem Planeten Venus gleichgesetzt. In Kanaan wird sie unter dem Namen Astarte verehrt. Ihr zu Ehren backen die Frauen Kuchen in Gestalt der nackten Göttin. In den drei Kapiteln des Buches Nahum wird der Untergang ihrer Stadt Ninive beschrieben.
Jeremia 7,18; 44,25
Frauen opfern der Himmelskönigin.
Nahum 2,8
Die nackte Königin (Göttin) wird weggeführt. Ihre Mägde (Priesterinnen) jammern wie gurrende Tauben und schlagen sich an die Brust.

Isebel I »Oberherrschaft« (Königin) → siehe Atalja
1 Könige 16,29-31
Isebel ist die Tochter von Etbaal, König von Sidon.

Sie ist die Frau von König Ahab von Israel in Samaria.

1 Könige 18,4.13.19

Isebel hat die Propheten des Herrn aus dem Land vertrieben. An ihrem Tisch essen vierhundert Propheten der Göttin Aschera.

1 Könige 19,1-2

Ahab berichtet Isebel von der Ermordung der Aschera-Baal-Propheten durch Elija. Sie schwört Rache.

1 Könige 21,1-29

Die Geschichte von Nabots Weinberg

1 Könige 21,23; 2 Könige 9,7-10.36-37

Elischa prophezeit: »Die Hunde werden Isebel fressen.«

1 Könige 22,52-54

Ahasja, Isebels Sohn, wird nach Ahabs Tod König. Nach seinem Tod wird ihr zweiter Sohn Joram König.

2 Könige 8,18; 2 Chronik 21,5-6

Atalja ist die Tochter von Isebel und Ahab.

2 Könige 9,22

Jehu sagt zu Joram: »Wie sollte ich in friedlicher Absicht kommen, solange die Unzucht deiner Mutter Isebel und ihre Zaubereien andauern?«

2 Könige 9,30-37; 10,7-17

Isebels schreckliches und doch heroisches Ende. Auch ihre Verwandten werden umgebracht.

Isebel II

Offenbarung 2,20-23

Eine Frau aus Thyatira, Prophetin der Nikolaiten. Johannes nennt sie Isebel und droht ihr mit schweren Strafen.

Israelitin

Levitikus 24,10-11

Der Sohn einer Israelitin

Deuteronomium 22,19

Geldbuße und Heirat als Strafe für die Verführung einer unberührten Israelitin

J

Jabez »Schmerz« (männlich)
1 Chronik 4,9
Seine Mutter hatte ihn Jabez genannt, denn sie sagte: »Ich habe ihn unter Schmerzen geboren.«

Jaël »Reh« → siehe Debora II
Richter 4,17-24
Die Fürstin Jaël und die Richterin Debora arbeiten Hand in Hand. Jaël lockt den kanaanitischen Feldherrn Sisera, der die Israeliten seit zwanzig Jahren grausam unterdrückte, in ihr Zelt und ermordet ihn.
Richter 5,1-31
Das Debora-Lied, in dem auch Jaëls Ruhm besungen wird.
Psalm 83,10-11
Erinnerung an Jaëls Sieg

Jakobsbrunnen
Johannes 4,1-26.39-42
Die Frau am Jakobsbrunnen im Gespräch mit Jesus

Jecholja »Jahwe kann«
2 Könige 15,2
Jecholja ist die Frau von König Amazja und Mutter des Königs Asarja (Usija) von Juda, der mit sechzehn Jahren König wird und zweiundfünfzig Jahre lang regiert. Sie ist die Schwiegermutter von Jeruscha.
2 Chronik 26,3
Asarjas Mutter ist Jecholja, sie stammt aus Jerusalem.

Jedida »Geliebte«
2 Könige 22,1
Jedida ist eine Tochter des Adaja aus Bozkat. Sie ist die Frau von König Amon und Mutter von König Joschija von Juda, der die Prophetin Hulda um

Hilfe bat. Jedidas Sohn wird mit acht Jahren König und regiert einunddreißig Jahre in Jerusalem.

Jemima »Täubchen«
Ijob 42,14-15
Die erste Tochter, die ihm nach seiner Prüfung geboren wird, nennt Ijob Jemima, das heißt Täubchen. Ihre Schwestern sind Kezia und Keren-Happuch.

Jeriot
1 Chronik 2,18
Jeriot ist die Tochter von Asuba (II) und Kaleb. Sie hat drei Söhne.

Jerobeams Frau
1 Könige 14,1-18
Jerobeams Frau ist namenlos. Sie verkleidet sich, damit niemand merkt, dass sie die Frau Jerobeams ist, und geht zum Propheten Ahija, um für ihr krankes Kind, Abija, zu bitten. Aber das Kind stirbt. Sie wohnt in Tirza (II).

Jerusalem (symbolisch die Frau) → siehe Asuba III; Ohola und Oholiba; Tochter Zion
Klagelieder 1,1.7-8.17; 2,10-15; 4,1-12
Klagen über Jerusalem
Ezechiel 16,1-63
Gegen Jerusalem, die treulose Frau

Jeruscha
2 Könige 15,32-33; 2 Chronik 27,1
Jeruscha, eine Tochter Zadoks, ist die Frau von König Usija. Sie ist die Mutter von Jotam.

Jiftachs Tochter
Richter 11,1-40
Der Richter Jiftach verspricht Gott als Opfer, falls er seine Feinde besiegt, das Erste, das ihm aus seinem Haus entgegenkommt. Bevor er seine einzige Tochter opfert, zieht sie mit ihren Freundinnen in die Berge und beweint dort ihren frühen Tod.

Richter 12,8-9

Jiftachs Nachfolger im Richteramt hat nicht nur eine Tochter, sondern dreißig Töchter und dreißig Schwiegertöchter.

Jiska

Genesis 11,29

Jiska ist eine Tochter Harans. Ihre Schwester ist Milka (I), ihr Bruder ist Lot.

Joaddan

2 Könige 14,2; 2 Chronik 25,1

Joaddan von Jerusalem ist die Mutter des Königs Amazja von Juda.

Jochebed »Jahwe ist Herrlichkeit«

Exodus 2,1-10

Jochebed ist die Mutter von Mirjam (I), Aaron und Mose. Die Geburt und wunderbare Errettung von Mose

Exodus 6,20

Amram nahm seine Tante Jochebed zur Frau.

Numeri 26,59

Jochebed und Amram sind die Eltern von Mose, Aaron und Mirjam (I).

Johanna

Lukas 8,1-3

Johanna gehört zu den Frauen, die Jesus ständig begleiten. Sie ist die Frau des römischen Beamten Chuzas am Hof des Königs Herodes.

Lukas 24,1-12

Johanna, Maria Magdalena (Maria II) und anderen Frauen wird die Auferstehung Jesu am leeren Grab verkündet. Sie verkündigen den Jüngern die frohe Botschaft.

Joscheba → siehe Atalja

2 Könige 11,2-3

Joscheba, Tochter von König Joram und Schwester von König Ahasja, verbirgt den Königssohn Joasch sechs Jahre lang in der Bettenkammer des Palastes.

2 Chronik 22,11-12

Joscheba ist die Frau des Priesters Jojada, der die Königin Atalja töten lässt.

Judas Frau

Genesis 38,2-5.12; 1 Chronik 2,3

Sie ist die Tochter des Kanaaniters Schua aus Adullam, wo auch Judas Freund Hira wohnt. Sie ist die Mutter von Er, Onan und Schela. Sie ist Tamars (I) Schwiegermutter. Sie stirbt, bevor Tamar (I) schwanger wird. Üblicherweise wird sie Batschua, »Tochter des Schua«, genannt.

Judäische Frau

1 Chronik 4,17-19

Mered hatte außer Bitja noch eine judäische Frau. Sie ist die Schwester von Häuptlingen und die Mutter mehrerer Söhne.

2 Makkabäer 6,9-11

Gräueltaten an zwei Jüdinnen, die sich der griechischen Lebensweise verweigern.

Judit I »Judäerin«; »Jüdin« → siehe Esaus Frauen

Genesis 26,34

Als Esau vierzig Jahre alt war, nahm er Judit, die Tochter des Hetiters Beeri, zur Frau.

Judit II »Judäerin«; »Jüdin«

Judit 1,1-16,25

Die Witwe Judit, Tochter des Merari aus dem Stamm Simeon, rettet durch ihr mutiges Eingreifen die Stadt Betulia und alle Juden vor den feindlichen Assyrern, indem sie deren Heerführer Holofernes enthauptet. Judit wird als Retterin und Heldin gefeiert.

Judit 13,18-20

Usijas Lob für Judit. Dieses Loblied findet sich im kath. Kirchengesangbuch »Gotteslob« (Ausgabe 1975) als Mariengebet unter Nummer 32.

Judit 15,8-14

Jubel über Judit

Judit 16,1-17

Judits Lobgesang

Judit 16,18-20

Siegesfest in Jerusalem

Judit 16,21-25

Judits Alter und Tod

Julia

Römer 16,15-16

Julia ist eine Christin in Rom. Paulus lässt ihr Grüße ausrichten.

Junia(s)

Römer 16,7

Grüßt Adronikus und Junia(s), die zu meinem Volk gehören.

Jüngerinnen

Lukas 8,1-3

Frauen in der Begleitung Jesu

K

Kadesch »Heilig« (geografisch) (Auswahl)

Kadesch, das Hauptheiligtum der Hetiter, war eine wichtige Oase im Norden des Sinai mit sakraler Rechtssprechung.

Genesis 16,7.14

Hagar flüchtet nach Kadesch und wird an der Quelle (Brunnen Lahai-Roï) gerettet.

Genesis 20,1-2

In Kadesch verrät Abraham seine Frau Sara (I) an Abimelech, den König von Gerar.

Genesis 24,62-66

Rebekka und Isaak werden in Kadesch ein Paar (Brunnen Lahai-Roï).

Numeri 20,1

Mirjam (I) stirbt in Kadesch und wird dort begraben.

Deuteronomium 1,1-2

Mose hat die Gebote Gottes in Kadesch verkündet.

Deuteronomium 1,19-46; Josua 14,7
Israels Unglaube in Kadesch-Barnea
2 Samuel 24,6
Kadesch im Land der Hetiter

Kain (seine Mutter und seine Frau)
Genesis 4,1
Eva gebar Kain und Abel.
Genesis 4,17
Kains Frau gebar Henoch.

Kaleb (seine Frauen und Töchter)
1 Chronik 2,18-24
Kalebs erste Frau ist Asuba (II), sie ist die Mutter der Jeriot. Nach Asubas Tod heiratet er Efrata (I). Sein Vater Hezron heiratet eine Tochter des Machir. Eine weitere Frau Hezrons ist Abija, die Mutter von Aschhur.
1 Chronik 2,46
Efa (I), Kalebs Nebenfrau, gebar drei Söhne.
1 Chronik 2,48-49
Kalebs Nebenfrau Maacha (IV) gebar drei Söhne.
1 Chronik 2,49
Kalebs Tochter ist Achsa.

Kandake (Kandake ist der Titel der Königin von Äthiopien.)
Apostelgeschichte 8,26-40
Der Schatzmeister der Kandake lässt sich taufen.

Karnajim → siehe Aschtarot; Astarte; Atargatis
1 Makkabäer 5,26.43-44; 2 Makkabäer 12,21.26; Amos 6,13
Karnajim ist ein Heiligtum der Atargatis. Judas Makkabäus tötet dort seine Feinde.

Keren-Happuch »Schminkhörnchen«
Ijob 42,14-15
Ijob nennt seine dritte Tochter, die ihm nach seiner Prüfung geboren wird, Keren-Happuch. Ihre Schwestern sind Jemima und Kezia.

Ketura »Weihrauch«
Genesis 25,1-6
Ketura ist Abrahams Frau. Sie gebiert ihm sechs Söhne.
1 Chronik 1,32-33
Ketura ist Abrahams Nebenfrau und Stamm-Mutter von mehreren Großfamilien.

Kezia »Zimtblüte«
Ijob 42,14-15
Ijob nennt seine zweite Tochter, die ihm nach seiner Prüfung geboren wird, Kezia. Ihre Schwestern sind Jemima und Keren-Happuch.

Kinderlos (Auswahl)
Exodus 23,26
In deinem Land wird es keine Frau geben, die eine Fehlgeburt hat oder kinderlos bleibt.
1 Samuel 2,5
Die Unfruchtbare bekommt sieben Kinder, doch die Kinderreiche welkt dahin.
Psalm 113,9
Die Frau, die kinderlos war, lässt er im Haus wohnen; sie wird Mutter und freut sich an ihren Kindern.
Jesus Sirach 16,3
Besser kinderlos sterben als schlimme Nachkommen haben.
Jesaja 49,20-23
Bald wirst du, die du kinderlos warst, mit eigenen Ohren hören, wie deine Kinder sagen: Mir ist der Platz hier zu eng, rück zur Seite, ich will mich setzen.
Jesaja 54,1; Galater 4,27
Freu dich, du Unfruchtbare, die nie gebar, du, die nie in Wehen lag, brich in Jubel aus und jauchze! Denn die Einsame hat jetzt viel mehr Söhne als die Vermählte, spricht der Herr.
Hosea 9,11-12
Selbst wenn sie ihre Kinder großziehen, mache ich sie kinderlos und verlassen.

Kindermord

Deuteronomium 3,4-6
Vernichtung von Frauen und Kindern bei einer Stadteroberung

Weisheit 11,7
Strafe für befohlenen Kindermord

Matthäus 2,16-18
Kindermord in Betlehem

Kinderopfer → siehe Moloch

Genesis 22,1-19
Abraham ist bereit, seinen Sohn Isaak zu opfern.

Levitikus 20,1-5
Todesstrafe für Kinderopfer

Deuteronomium 12,31
Kinderopfer der heidnischen Nachbarn

Deuteronomium 13,7-9
Strafe bei Verführung zum Götzendienst

Richter 11,34-40
Jiftach opfert seine Tochter.

1 Könige 16,34
Wurden Kinder geopfert beim Wiederaufbau von Jericho?

Kinder bei Jesus

Matthäus 18,1-5; Markus 9,33-37; Lukas 9,46-48
Wenn ihr nicht ... wie die Kinder werdet, könnt ihr nicht in das Himmelreich kommen.

Matthäus 18,6-7.10; Markus 9,42
Hütet euch davor, einen von diesen Kleinen zu verachten!

Matthäus 19,13-15; Markus 10,13-16; Lukas 18,15-17
Jesus segnet die Kinder.

Markus 9,36-37; Lukas 9,46-48
Jesus sagt: Wer dieses Kind aufnimmt, nimmt mich auf.

Kinderspiele/Kinderlob

Psalm 8,3; Matthäus 21,16
Aus dem Mund der Kinder und Säuglinge schaffst du dir Lob.

Matthäus 11,16-19; Lukas 7,31-35

Jesus vergleicht seine Mitmenschen mit Kindern, die auf dem Marktplatz spielen und sich nicht einig werden.

Klaudia

2 Timotheus 4,21

Klaudia, eine römische Christin, grüßt Timotheus.

Kleidung (Auswahl) → siehe Frauenkleid

Exodus 3,22

Jede Frau kann von ihrer Nachbarin oder Hausgenossin silberne und goldene Geräte und Kleider verlangen. Übergebt sie euren Söhnen und Töchtern, und plündert so die Ägypter aus!

Deuteronomium 22,5

Eine Frau soll nicht die Ausrüstung eines Mannes tragen, ein Mann soll kein Frauenkleid anziehen.

Deuteronomium 24,17

Du sollst das Kleid einer Witwe nicht als Pfand nehmen.

Rut 3,3

Wasch dich, salbe dich und zieh dein Obergewand an.

2 Samuel 13,18

Die Königstöchter trugen Ärmelkleider, solange sie Jungfrauen waren.

2 Könige 11,14

Atalja zerriss ihre Kleider und schrie: Verrat! Verrat!

2 Könige 22,14; 2 Chronik 34,22

Hulda ist die Frau des Verwalters der königlichen Kleiderkammer.

Judit 10,3

Judit (II) ordnet ihre Haare, setzt ein Diadem auf und zieht die Festkleider an, die sie zu Lebzeiten ihres Gatten Manasse getragen hat.

Judit 16,8

Sie zog ein Leinenkleid an, um ihn zu verführen.

Ester 5,1

Am dritten Tag legte Ester ihre königlichen Gewänder an.

2 Makkabäer 3,19
Die Frauen zogen Trauerkleider an, die die Brüste freiließen.

Psalm 45,10-14
Königstöchter gehen dir entgegen. ... Die Königstochter ist herrlich geschmückt, ihr Gewand ist durchwirkt mit Gold und Perlen ...

Psalm 45,15
Man geleitet sie (die Braut) in buntgestickten Kleidern zum König.

Sprichwörter 31,21-22
Ihr ganzes Haus hat wollene Kleider. ... Leinen und Purpur sind ihr Gewand.

Das Hohelied 4,11
Der Duft deiner Kleider ist wie des Libanon Duft.

Jesaja 61,3
Ich bringe den Trauernden Zions ... Freudenöl statt Trauergewand, Jubel statt Verzweiflung.

Jesaja 61,10
Denn er kleidet mich in Gewänder des Heils, er hüllt mich in den Mantel der Gerechtigkeit, wie ein Bräutigam sich festlich schmückt und wie eine Braut ihr Geschmeide anlegt.

Jeremia 4,8
Legt Trauerkleider an, klagt und heult.

Jeremia 4,30
Wie kannst du dich in Purpur kleiden?

Jeremia 6,26
Tochter, mein Volk, leg das Trauerkleid an und wälz dich im Staub.

Baruch 6, 32
Von den Götzengewändern nehmen die Priester und kleiden damit ihre Frauen und Kinder.

Ezechiel 16,10-13
Ich kleidete dich in bunte Gewänder, zog dir Schuhe aus Tahasch-Leder an und hüllte dich in Leinen und kostbare Gewänder ...

Joël 1,8
Klagt wie eine Jungfrau im Trauergewand

Matthäus 9,14; Markus 2,21; Lukas 5,36
Niemand schneidet ein Stück von einem neuen Kleid ab und setzt es auf ein altes Kleid.

Matthäus 6,19-34

Sorgt euch nicht um eure Kleidung …, seht die Lilien auf dem Feld …

Lukas 7,25

Leute, die vornehm gekleidet sind und üppig leben, findet man in den Palästen der Könige.

1 Timotheus 2,9

Die Frauen sollen sich anständig kleiden, nicht Haartracht, Gold, Perlen oder kostbare Kleider seien ihr Schmuck, sondern gute Werke; so gehört es sich für Frauen, die gottesfürchtig sein wollen.

1 Petrus 3,3

Nicht auf äußeren Schmuck sollt ihr Wert legen, auf Haartracht, Gold und prächtige Kleider.

Offenbarung 12,1-6

Eine Frau, mit der Sonne bekleidet

Offenbarung 17,4

Die Hure Babylon war in Purpur und Scharlach gekleidet und mit Gold, Edelsteinen und Perlen geschmückt.

Offenbarung 19,7-8

Seine Frau … durfte sich kleiden in strahlend reines Leinen.

Kleopatra I

Ester 10,31

Im 4. Jahr der Regierung von Ptolemäus V. und der Kleopatra … Kleopatra ist die Tochter von Antiochus d. Gr., König des Nordens.

Kleopatra II

1 Makkabäer 10,51-58

Kleopatra, Tochter von Ptolemäus VI. von Ägypten, wird mit Alexander Balas, dem König von Syrien, verheiratet.

1 Makkabäer 10, 57-58

Kleopatra und ihr Vater verlassen Ägypten. Sie reisen nach Ptolemaïs (Akko). Kleopatra feiert dort ihre Hochzeit, »so wie es bei Königen üblich ist«.

1 Makkabäer 11,9-12

Kleopatra wird Alexander Balas weggenommen und mit dessen Feind Demetrius verheiratet.

Kluge Frau

Genesis 3,6

Die Frau (Eva) sah, dass der Baum ... dazu verlockte, klug zu werden.

Richter 5,29-31

Im Debora-Lied wird geschildert, wie eine Kluge unter den Fürstinnen die besorgte Mutter des Heerführers Sisera beruhigt.

1 Samuel 25,3

Abigajil von Karmel war klug und von schöner Gestalt.

2 Samuel 14,1-22

Eine kluge Frau aus Tekoa verteidigt Abschalom vor David.

2 Samuel 17,17-20

Eine kluge Frau versteckt Jonatan und Ahimaaz im Brunnen.

2 Samuel 20,16-22

Eine kluge Frau redet auf Davids Heerführer Joab ein und rettet dadurch die Stadt Abel-Bet-Maacha.

Weisheit 8,6-7

Die Weisheit ist klug und lehrt Klugheit.

Königin/Königstochter/Herrin

2 Samuel 13,18

Tamar (II) hatte ein Ärmelkleid an; denn solche Obergewänder trugen die Königstöchter, solange sie Jungfrauen waren.

1 Könige 10,1-13; 2 Chronik 9,1-12

Die Königin von Saba besucht König Salomo.

1 Könige 15,13; 2 Chronik 15,16

Maacha (III) ist Herrin.

2 Könige 9,34

Königin Isebel (I) ist eine Königstochter.

2 Könige 10,13

Wir sind gekommen, die Söhne des Königs und die Söhne der Herrin zu begrüßen.

2 Könige 11,1-20; 2 Chronik 22,10-23,21

Königin Atalja ist eine Königstochter.

Nehemia 2,6

Darauf fragte mich der König, während die Königin neben ihm saß: ...

Ester 1,1-22

Königin Waschti verweigert ihrem Gemahl den Gehorsam und wird deswegen verstoßen.

Ester 2,1-10,31

Königin Ester wird Königin Waschtis Nachfolgerin.

Psalm 45,10.14

Königstöchter gehen dir entgegen. ... Die Königstochter ist herrlich geschmückt, ihr Gewand ist durchwirkt mit Gold und Perlen ...

Das Hohelied 6,8

Sechzig Königinnen hat Salomo, achtzig Nebenfrauen und Mädchen ohne Zahl.

Das Hohelied 6,9

Doch einzig ist meine Taube ... Königinnen und Nebenfrauen rühmen sie.

Jeremia 13,18

Sag zum König und zur Herrin: Setzt euch tief hinunter, denn eure prächtige Krone sinkt euch vom Haupt.

Jeremia 29,2

Nachdem Jojachin, die Herrin, die Hofbeamten ... aus Jerusalem fortgezogen waren

Daniel 5,1-30

Belschazzars Festmahl. Darin Verse 10-12: Der Rat der Königin

Nahum 2,8

Die Königin (Ninive) wird zur Schau gestellt, wird entblößt, wird weggeführt.

Matthäus 12,42; Lukas 11,31

Die Königin des Südens wird beim Gericht gegen diese Generation auftreten und sie verurteilen.

Apostelgeschichte 8,26-40

Der Schatzmeister der Kandake, Königin von Äthiopien, lässt sich taufen.

Offenbarung 18,7

Sie (Babylon) dachte bei sich: Ich throne als Königin, ich bin keine Witwe und werde keine Trauer kennen.

Kosbi »Lustdirne«
Numeri 25,6-18
Kosbi, eine midianitische Frau, wird während einer Kultfeier gemeinsam mit ihrem Liebhaber umgebracht.
1 Makkabäer 2,26
Erinnerung an Kosbis schreckliches Ende

Kuchen (Auswahl)
2 Samuel 13,8-10
Tamar (II) backt Kuchen für Amnon.
Jeremia 7,18; 44,19
Frauen backen Opferkuchen für die Himmelskönigin.
Hosea 3,1
Die Frauen lieben Opferkuchen aus Rosinen.

Kupferschlange (Kultgegenstand; Schlangenstab)
Numeri 21,4-9
Mose hängt die Kupferschlange an einer Fahnenstange als Schutzbild auf.
2 Könige 18,4
Hiskija, König von Juda, zerschlägt die Kupferschlange, man nannte sie Nehuschtan.
Weisheit 16,5-6
Erinnerung an die heilbringende Kupferschlange
Johannes 3,14-15
Die Erhöhung des Menschensohnes als Erinnerung an die Kupferschlange des Mose

Kuschiterin (Das Land Kusch ist Nubien oder Äthiopien)
Numeri 12,1-16
Mose hatte eine Kuschiterin zur Frau genommen, womit Mirjam (I) und Aaron nicht einverstanden sind. Für ihre Kritik wird Mirjam von Gott mit einem Ausschlag bestraft.
Habakuk 3,7
Kuschan liegt wie Midian in der Umgebung des Golfs von Akaba.

L

Lachen (Auswahl)

Genesis 18,12

Sara (I) lachte still in sich hinein.

Genesis 18,13

Da sprach der Herr zu Abraham: Warum lacht Sara (I)?

Genesis 18,15

Sara (I) leugnete: Ich habe nicht gelacht. Sie hatte nämlich Angst. Er aber sagte: Doch, du hast gelacht.

Genesis 21,6

Sara (I) sagte: Gott ließ mich lachen; jeder, der davon hört, wird mit mir lachen.

Psalm 2,4; 59,9

Der im Himmel thront, lacht, der Herr verspottet sie.

Psalm 126,2

Da war unser Mund voll Lachen und unsere Zunge voll Jubel.

Sprichwörter 14,13

Auch beim Lachen kann ein Herz leiden.

Kohelet 7,6

Wie das Prasseln der Dornen unter dem Kessel, so ist das Lachen des Ungebildeten.

Jesus Sirach 27,13

Die Rede der Toren ist abscheulich, ihr Lachen schwelgt in sündhafter Lust.

Habakuk 1,10

Sie machen sich sogar über Könige lustig und lachen über mächtige Fürsten.

Lukas 6,21

Selig, die ihr jetzt weint, denn ihr werdet lachen.

Lahai-Roï (geografisch) → siehe Kadesch

Genesis 16,13

Hagar nennt Gott, der ihr am Brunnen Lahai-Roï begegnet, El-Roï, ein Gott, der nach mir schaut.

Genesis 24,62; 25,11

Isaak und Rebekka wohnen am Brunnen Lahai-Roï.

Lea »Kuh« → siehe Bilha; Rahel; Silpa

Genesis 29,1-33,20

Lea wird Jakobs erste Frau. Sie ist die Mutter von sechs Söhnen. Ihre Tochter ist Dina.

Genesis 30,9-12

Lea gibt Jakob ihre Magd Silpa zur Frau. Silpa bekommt zwei Söhne, Lea nennt sie Gad, »Glück«, und Ascher »Glückskind«.

Genesis 34,1-31

Leas Tochter Dina wird vergewaltigt und von ihren Brüdern grausam gerächt.

Genesis 49,3-4.8-15

Jakobs Segen für Leas Söhne

Genesis 49,5-7

Jakob verweigert Leas Söhnen Simeon und Levi seinen Segen wegen ihrer Rache an den Männern von Sichem.

Genesis 49,31

Lea wird im Familiengrab in Machpela bei Hebron beigesetzt.

Rut 4,11

… werde wie Rahel und Lea, die das Haus Israel aufgebaut haben.

Lemuëls Mutter

Sprichwörter 31,1-9

Der Brief der Mutter an ihren Sohn Lemuël, König von Massa

Leviatan → siehe auch Rahab II

Ijob 3,8

… die es verstehen, den Leviatan zu wecken.

Psalm 74,14

Du hast die Köpfe des Leviatan zermalmt.

Psalm 104,26

Dort ziehen die Schiffe dahin, auch der Leviatan, den du geformt hast, um mit ihm zu spielen.

Jesaja 27,1

An jenem Tag bestraft der Herr mit seinem harten, großen, starken Schwert den Leviatan, die schnelle Schlange, den Leviatan, die gewundene Schlange.

Lobgesang

Exodus 15,20-21

Die Prophetin Mirjam (I) schreitet den Frauen voran, sie schlägt die Pauke und singt ihr Lied.

Numeri 21,17-18

Ein weiteres Mirjam-Lied?

Richter 5,1-31

Das Debora-Lied

1 Samuel 2,1-10

Hannas (I) Lobgesang

Judit 16,1-17

Judits (II) Lobgesang

Lukas 1,46-55

Marias (I) Lobgesang; das Magnifikat

Loïs

2 Timotheus 1,5

Loïs ist Christin. Sie ist die Mutter von Eunike und die Großmutter von Timotheus. Loïs wohnt in Lystra in Kleinasien. Paulus erwähnt sie lobend.

Lo-Ruhama »Kein Erbarmen«

Hosea 1,6-8

Lo-Ruhama ist die Tochter von Gomer (I) und Hosea. Ihr Vater gibt ihr diesen Namen als Symbol.

Hosea 2,3.25; Römer 9,25

Lo-Ruhama wird in Ruhama, »Erbarmen«, umbenannt.

Löser (Leviratsehe)

Genesis 38,12-36

Tamar (I) heiratet den Bruder ihres verstorbenen Mannes.

Levitikus 25,23-28

Das Leviratsrecht bei Landbesitz

Deuteronomium 25,5-10

Die Schwagerehe

Rut 2,20; 3,9; 4,1-14

Boas ist der Löser von Rut.

Matthäus 22,24-30; Markus 12,18-25; Lukas 20,28-36

Sieben Männer heiraten nacheinander eine Frau (→ siehe Sara II).

Lots Frau/Töchter → siehe Ammoniterin; Moabiterin
Genesis 19,1-26
Lot ist bereit, seine zwei Töchter den gewalttätigen Männern von Sodom und Gomorra auszuliefern.
Genesis 19,26; Lukas 17,32
Lots Frau sieht sich um und erstarrt zur Salzsäule.
Genesis 19,30-38
Lot zieht mit seinen beiden Töchtern ins Gebirge. Die Töchter werden schwanger von ihrem Vater. Die ältere Tochter bringt Moab zur Welt, ihre Nachkommen sind die Moabiter. Die jüngere Tochter bringt Ben-Ammi zur Welt, ihre Nachkommen sind die Ammoniter.

Lydia »Die Frau aus Lydien«
Apostelgeschichte 16,11-15.40
Lydia, Purpurhändlerin in Philippi, ist die erste Christin Europas. Sie stammt aus Thyatira in Lydien. In ihrem Haus in Philippi trifft sich die christliche Gemeinde.
Philipper 1,3-11; 4,15-18
Paulus dankt der christlichen Gemeinde in Philippi.

Lystra (geografisch)
Apostelgeschichte 14,6-20
In Lystra in Kleinasien, dem Wohnort von Loïs und Eunike, spielt auch die antike Legende von Philemon und Baucis.

M

Maacha I
Genesis 22,23-24
Maacha ist die Tochter von Nahor und seiner Nebenfrau Rëuma.

Maacha II → siehe Davids Frauen
2 Samuel 3,3; 1 Chronik 3,2
Maacha ist die Tochter des Königs Talmai von Geschur. Sie ist eine Frau Davids und Mutter von Tamar (II) und Abschalom.

Maacha III → siehe Michaja
1 Könige 15,2
Maacha, Abschaloms Enkelin, ist die Mutter von König Abija von Juda.
2 Chronik 11,20-22
Maacha ist Rehabeams Lieblingsfrau. Ihr Sohn Abija hat eine Sonderstellung unter den Söhnen Rehabeams. Maacha hat vier Söhne.
1 Könige 15,10-13; 2 Chronik 15,16
Maacha ist die Großmutter von König Asa von Juda. Er setzt sie als Herrin ab, weil sie der Aschera ein Standbild errichtet hat.

Maacha IV
1 Chronik 2,48
Maacha ist die Nebenfrau von Kaleb. Sie ist die Mutter von vier Söhnen. Vermutlich ist Achsa ihre Tochter.

Maacha V
1 Chronik 7,15
Maacha ist die Schwester und/oder die Frau des Machir. Ihr Sohn ist Peresch. Sie ist eine Ur-Mutter des Stammes Manasse.

Maacha VI → siehe Gibeon
1 Chronik 8,29; 9,35
Maacha ist die Frau von Jëiël, Häuptling von Gibeon. Welcher der zehn genannten Söhne Maachas Sohn ist, bleibt unklar.

Maacha VII (geografisch)
2 Samuel 10,6.19
In Davids ersten Regierungsjahren war Maacha noch ein selbständiges Königreich. David erobert es.
2 Samuel 20,14-22
Die Stadt Abel-Bet-Maacha wird belagert. Eine kluge Frau verhandelt mit dem feindlichen Heerführer und nennt Abel-Bet-Maacha »eine Mutter in Israel«.

1 Könige 15,20
Abel-Bet-Maacha wird verwüstet.
2 Könige 15,29
Der König von Assur eroberte … Abel-Bet-Maacha …, das ganze Land Naftali, und verschleppte ihre Bewohner nach Assur.
1 Chronik 19,6-7
Der König von Maacha in Aram-Maacha. Maacha im Aramäer-Land

Maachatiter (Stamm)
2 Könige 25,23; 1 Chronik 4,19; Jeremia 40,8
Nachkommen von Maacha (IV)

Machla I
Numeri 26,33; 27,1-11; 36,1-13; Josua 17,3-6
Machla ist die älteste der fünf Töchter des Zelofhad, die das Erbrecht für Töchter durchsetzen. Ihre Schwestern sind Noa, Hogla, Milka (II), Tirza (I).

Machla II
1 Chronik 7,18
Machla gehört zum Stamm Manasse. Ihre Mutter ist Molechet.

Machpela (geografisch)
Genesis 23,7-20; 25,8-10; 49,30-31; 50,13
Die Höhle Machpela im Hain Mamre bei Hebron gehörte dem Hetiter Efron. Abraham kaufte sie nach Saras (I) Tod als Begräbnisstätte für seine Familie. In Machpela wurden begraben: Sara (I) und Abraham, Rebekka und Isaak, Lea und Jakob.

Mädchen/Jungfrau/junge Frau
Genesis 24,16
Das Mädchen (Rebekka) war sehr schön, und sie war ledig; noch kein Mann hatte sie erkannt.
Genesis 24,43
Kommt ein Mädchen aus der Stadt …, so soll es die Frau sein, die der Herr für den Sohn meines Herrn bestimmt hat.

Exodus 2,8

Das Mädchen (Mirjam I) ging und rief die Mutter des Knaben herbei.

Exodus 22,15-16

Wiedergutmachung für die Verführung einer Jungfrau

Levitikus 21,3-4

Verhaltensvorschrift für Priester bei gestorbenen Jungfrauen

Levitikus 21,13-15

Ein Priester darf nur eine Jungfrau heiraten.

Levitikus 27,1-8

Ein Gelübde kann gegen Geld eingelöst werden. Die Summen für Männer und Frauen, Jungen und Mädchen sind unterschiedlich.

Deuteronomium 22,13-21

Beweisstücke für Jungfräulichkeit nach der Hochzeitsnacht

Deuteronomium 22,23-27.28-29

Sühne für Vergewaltigung einer Jungfrau

2 Samuel 13,2

Sie (Prinzessin Tamar II) war eine Jungfrau.

2 Samuel 13,18

Die Königstöchter trugen Ärmelkleider, solange sie Jungfrauen waren.

1 Könige 1,2

Man suche für unseren König ein unberührtes Mädchen (Abischag aus Schunem).

2 Könige 19,21

Die Jungfrau, die Tochter Zion, spottet über dich.

2 Chronik 36,17

Nebukadnezzar verschonte keinen jungen Mann und keine junge Frau, keinen Greis und keinen Betagten.

Ester 2,2-3

Man suche schöne junge Mädchen für den König (nach Königin Waschtis Verstoßung).

Ester 2,17

Mehr als alle anderen Mädchen erwarb Ester sich die Gunst des Königs.

2 Makkabäer 3,18-20
Die jungen Mädchen, die man sonst eingeschlossen hält, laufen an die Türen und auf die Mauern.

Ijob 31,1
Einen Bund schloss ich mit meinen Augen; nie eine Jungfrau lüstern anzusehen.

Ijob 40,29
Bindest du es (Nilpferd) für deine Mädchen an?

Psalm 45,15
Jungfrauen sind ihr Gefolge (Hochzeitslied für einen König).

Psalm 68,26
Voraus die Sänger, die Saitenspieler danach, dazwischen Mädchen mit kleinen Pauken

Psalm 78,63
Den jungen Mädchen sang man kein Brautlied.

Jesaja 7,14; Matthäus 1,23
Die Jungfrau wird einen Sohn gebären.

Jesaja 37,22
Dich verachtet, dich verspottet die Jungfrau, die Tochter Zion.

Jesaja 47,1
Steig herab, Tochter Babel, Jungfrau, setz dich in den Staub.

Jesaja 62,5
Wie der junge Mann sich mit der Jungfrau vermählt, …

Jeremia 14,17
Großes Verderben brach herein über die Jungfrau, die Tochter, mein Volk, eine unheilbare Wunde.

Jeremia 18,13
Ganz Abscheuliches hat die Jungfrau Israel getan.

Jeremia 31,4
Ich baue dich wieder auf, du sollst neu gebaut werden, Jungfrau Israel.

Jeremia 31,13
… dann freut sich das Mädchen beim Reigentanz.

Jeremia 31,21-22
Kehr um, Jungfrau Israel, kehr zurück in diese deine Städte.

Klagelieder 1,4

Ihre Priester seufzen, ihre Jungfrauen sind voll Gram.

Klagelieder 1,15

Die Kelter trat der Herr gegen die Jungfrau Juda.

Klagelieder 2,10

Zu Boden senken den Kopf die Mädchen von Jerusalem.

Klagelieder 2,13

Wie kann ich dich trösten, Jungfrau, Tochter Zion?

Ezechiel 9,6

Alt und jung, Mädchen, Kinder und Frauen sollt ihr erschlagen und umbringen. Doch von denen, die das T auf der Stirn haben, dürft ihr keinen anrühren (dieses Zeichen hat große Ähnlichkeit mit dem Kreuzzeichen).

Ezechiel 44,22

Priester dürfen nur Jungfrauen aus dem Haus Israel heiraten.

Joël 1,8

Klagt wie eine Jungfrau im Trauergewand, die den Bräutigam ihrer Jugend beweint.

Amos 5,2

Gefallen ist sie und steht nicht mehr auf, die Jungfrau Israel.

Amos 8,13

An jenem Tag werden die schönen jungen Mädchen und die jungen Männer ohnmächtig vor Durst.

Sacharja 8,5

Die Straßen der Stadt werden voll Knaben und Mädchen sein, die auf den Straßen Jerusalems spielen.

Sacharja 9,17

Korn gibt den jungen Männern Kraft und Most den Mädchen.

Matthäus 25,1-13

Jesus erzählt das Gleichnis von den zehn Jungfrauen.

Lukas 1,26-27

Der Engel Gabriel, gesandt zu der Jungfrau Maria (I)

Lukas 8,54

Jesus fasste sie an der Hand und rief: Mädchen, steh auf! (Jaïrus' Tochter)

Apostelgeschichte 21,9

Philippus hatte vier Töchter, prophetisch begabte Jungfrauen.

1 Korinther 7,25-38

Vergleiche zwischen Ehestand und Jungfräulichkeit

2 Korinther 11,2

… um euch als reine Jungfrau zu Christus zu führen.

Magd

Genesis 16,1; 21,10-12; 25,12

Die Ägypterin Hagar, Saras (I) Magd

Genesis 24,61

Rebekkas Mägde

Genesis 29, 24; 30,3; 31,33; 32,6

Rahels und Leas Mägde

Exodus 2,5

Die Magd der Pharaonentochter holt Moses aus dem Schilf.

Rut 2,8.22-23; 3,2.9

Mägde des Boas

1 Samuel 1,11.16.18

Hanna (I), Samuels Mutter, bezeichnet sich als Magd.

1 Samuel 25,24

Abigajil bezeichnet sich als Magd.

1 Samuel 28,21-22

Die Totenbeschwörerin von En Dor bezeichnet sich als Magd.

2 Samuel 6, 20.22

Michal rügt David, er habe sich durch seinen Tanz vor den Mägden lächerlich gemacht.

2 Samuel 14,1-20

Eine kluge Frau versöhnt David mit Abschalom und nennt sich Magd.

2 Samuel 17,17

Eine Magd als Botin an der Rogel-Quelle

2 Samuel 20,17-22
Die kluge Frau in Abel-Bet-Maacha nennt sich Magd.
1 Könige 1,13
Batseba nennt sich Magd.
1 Könige 3,16-28
Das salomonische Urteil. Eine der beiden Frauen nennt sich Magd.
2 Könige 4,16
Die Frau von Schunem nennt sich Magd.
Tobit 3,7-8
Sara (II) (Tobias' Frau) wird von ihren Mägden verhöhnt.
Tobit 8,12-13
Saras (II) Mägde sehen nach dem Rechten.
Judit 8,7
Manasse hat Judit (II) Knechte und Mägde hinterlassen.
Judit 11,5
Judit (II) nennt sich Magd.
Ijob 19,15; 31,13
Ijobs Mägde
Psalm 86,16
Hilf dem Sohn deiner Magd.
Psalm 116,16
Ich bin der Sohn deiner Magd.
Psalm 123,2
Magd und Herrin
Sprichwörter 9,3
Die Mägde von Frau Weisheit
Sprichwörter 31,15
Magd und Gebieterin
Jesus Sirach 41,22
Schäme dich, dich dem Bett einer Magd zu nähern.
Jesaja 24,2
Die Herrin wird zur Magd.
Joël 3,2; Apostelgeschichte 2,18
Auch über Knechte und Mägde werde ich meinen Geist ausgießen in jenen Tagen.
Nahum 2,8
Ihre Mägde jammern wie gurrende Tauben.

Matthäus 26,69-75; Markus 14,66-72; Lukas 22,56-62
Die Magd im Vorhof erkennt Petrus.
Lukas 1,38.48
Maria (I) nennt sich Magd Gottes.
Lukas 12,45
Der Verwalter schlägt Knechte und Mägde.
Apostelgeschichte 12,13-17
Rhode, die Magd
Apostelgeschichte 16,16-23
Die Magd mit dem Wahrsagegeist in Philippi

Magnifikat
Lukas 1,46-55
Marias (I) Lobgesang (Magnifikat)

Mahalat I
Genesis 28,9
Mahalat ist eine Tochter Ismaels, sie ist Hagars und Abrahams Enkelin. Esau nimmt Mahalat zur Frau.
Genesis 36,2
Mahalat wird hier Basemat (I) genannt.

Mahalat II
2 Chronik 11,18-19
Rehabeam heiratet Mahalat, die Tochter Jerimots und der Abihajil (II). Jerimot ist ein Sohn Davids. Mahalat hat drei Söhne.

Mara I »Bitter« → siehe Noomi
Rut 1,20
Nennt mich nicht Noomi, »die Liebliche«, nennt mich Mara, »die Bittere«.

Mara II (geografisch)
Exodus 15,23; Numeri 33,8-9
Bitteres Wasser. Erstes Lager der Hebräer nach dem Durchzug durch das Rote Meer.

Maria I »Seherin«; »Herrin« (biografisch geordnet)
Matthäus 1,16
Maria im Stammbaum Jesu

Matthäus 1,18-25; Lukas 1,26-38; Jesaja 7,14
Maria, Josefs Verlobte, bekommt ein Kind. Jesaja hat es vorausgesagt.

Lukas 1,39-56
Maria bei Elisabet. Das Magnifikat

Lukas 2,1-20
Die Weihnachtsgeschichte

Lukas 2,21-40
Maria trägt ihren Sohn zur Beschneidung in den Tempel.

Lukas 2,33-35
Simeon zu Maria: Dir aber wird ein Schwert durch die Seele dringen.

Matthäus 2,11.13-15.19-23
Die Sterndeuter bei Maria und dem Kind. Die Flucht nach Ägypten. Die Rückkehr aus Ägypten.

Lukas 2,41-52
Maria findet den zwölfjährigen Jesus im Tempel. Sie bewahrt alles, was geschah, in ihrem Herzen.

Johannes 2,1-5
Maria auf der Hochzeit zu Kana

Johannes 2,12
Jesus mit seiner Mutter und seinen Brüdern in Kafarnaum

Markus 3,20-21
Die Familie zweifelt an Jesu Verstand.

Matthäus 12,46-50; Markus 3,31-35; Lukas 8,19-21
Wer den Willen meines himmlischen Vaters erfüllt, der ist für mich Bruder und Schwester und Mutter.

Lukas 11,27
Eine Frau aus der Menge preist Maria.

Matthäus 13,54-58; Markus 6,1-6; Johannes 6,42
Jesus wird wegen seiner Familienzugehörigkeit in Galiläa abgelehnt.

Johannes 19,25-27
Maria mit Johannes unter dem Kreuz

Apostelgeschichte 1,14
Maria in der Urgemeinde in Jerusalem

Galater 4,4
Gottes Sohn, geboren von einer Frau

Offenbarung 12,1-18
Mit der Frau ist Maria gemeint.

Maria II, von Magdala → siehe auch Maria III und Marta
Markus 16,9; Lukas 8,1-3
Maria und andere Frauen als Jüngerinnen. Jesus hat Maria von sieben Dämonen befreit.
Matthäus 27,55-56.61; Markus 15,40-41.47; Johannes 19,25
Maria und andere Frauen beim Kreuz und am Grab
Matthäus 28,1-8
Maria und andere Frauen entdecken das leere Grab und hören die Botschaft des Engels.
Matthäus 28,9-10
Jesus begegnet den Frauen und gibt ihnen den Auftrag, den Jüngern von seiner Auferstehung zu berichten.
Markus 16,1-8
Maria und andere Frauen entdecken das leere Grab und hören die Botschaft des Engels. Sie fliehen.
Markus 16,9-11
Jesus erscheint Maria zuerst. Sie berichtet es den Jüngern. Aber die glauben ihr nicht.
Lukas 23,55-56
Die Frauen geleiten Jesus zum Grab. Sie bereiten wohlriechende Öle für die Salbung vor.
Lukas 24,1-11
Maria und andere Frauen entdecken das leere Grab und hören die Botschaft der Engel. Sie berichten den Jüngern, aber die glauben ihnen nicht.
Johannes 20,1-2
Maria entdeckt das leere Grab und benachrichtigt die Jünger.
Johannes 20,11-18
Der Auferstandene spricht mit Maria. Er schickt sie zu den Jüngern, damit sie ihnen die Auferstehung verkündet.

Maria III, von Betanien → siehe auch Maria II und Marta
In der Legende sind Maria von Betanien und Maria von Magdala identisch.

Lukas 10,38-42
Maria und Marta

Johannes 11,1-5
Die Geschwister Maria, Marta, Lazarus

Johannes 11,17-45
Die Auferweckung des Lazarus

Matthäus 26,6-13; Markus 14,3-9; Johannes 11,2; 12,1-8
Maria salbt Jesus.

Lukas 7,36-50
Eine Frau (Maria?) wird als Sünderin bezeichnet. Sie salbt Jesus.

Maria IV, Mutter von Jakobus und Josef (oder Joses)
Matthäus 27,56; Markus 15,40.47; Lukas 23,49
Maria und andere Frauen unter dem Kreuz

Markus 16,1-8
Maria und andere Frauen begegnen dem Engel am leeren Grab und erhalten den Auftrag, den Jüngern die Auferstehung zu verkündigen.

Matthäus 28,1-8
Maria (IV) und Maria aus Magdala am Ostermorgen

Lukas 23,55-56
Maria und andere Frauen begleiten den Trauerzug zum Grab und bereiten die Salbung vor.

Lukas 24,1-12
Die Botschaft der Engel am leeren Grab

Maria V, Frau des Klopas
Johannes 19,25
Maria ist die Schwester von Maria (I). Mit anderen Frauen ist sie Zeugin der Kreuzigung Jesu.

Maria VI, Mutter des Johannes Markus
Apostelgeschichte 12,12-17
In Marias Haus in Jerusalem versammelt sich die erste christliche Gemeinde. Petrus flieht zu ihr. Rhode ist ihre Magd.

Maria VII
Römer 16,6
Maria ist eine eifrige Christin in Rom. Paulus grüßt sie.

Maria und Marta
Lukas 10,38-42
Marias und Martas Schwesternstreit

Marta »Gebieterin« → siehe Maria III
Lukas 10,38-41
Maria (III) und Marta
Johannes 11,1-5.19-44
Die Auferweckung ihres Bruders Lazarus
Johannes 11,25-27
Das Marta-Bekenntnis
Johannes 12,2
Marta als Hausherrin

Matred → siehe Mehetabel
Genesis 36,39; 1 Chronik 1,50
Matred ist die Mutter oder der Vater der Mehetabel.

Mehetabel → siehe Matred
Genesis 36,39; 1 Chronik 1,50
Mehetabel ist die Tochter von Matred. Sie heiratet König Hadad, einen Nachkommen Esaus. Mehetabel ist die Enkelin von Me-Sahab. (Me-Sahab »Goldwasser« kann auch Ortsbezeichnung sein.)

Mehl
Genesis 18,6
Abraham lief eiligst ins Zelt zu Sara (I) und rief: Schnell drei Sea feines Mehl! Rühr es an und backe Brotfladen!
1 Samuel 1,24
Als Hanna (I) ihren Sohn Samuel entwöhnt hatte, nahm sie ihn mit hinauf nach Rama, dazu einen dreijährigen Stier, ein Efa Mehl und einen Schlauch Wein.

1 Samuel 28,24

Die Frau (Totenbeschwörerin) schlachtete in aller Eile ein Kalb, nahm Mehl, knetete Teig und backte ungesäuerte Brote.

1 Könige 17,12

Die Witwe in Sarepta hat weiter nichts im Haus als eine Handvoll Mehl im Topf und ein wenig Öl im Krug.

1 Könige 17,14-16

Der Mehltopf wird nicht leer werden und der Ölkrug nicht versiegen.

2 Könige 4,40-41

Sie riefen: Der Tod ist im Topf! … Doch der Prophet Elischa streute das Mehl in den Topf und sagte: Setzt es nun den Leuten zum Essen vor.

1 Chronik 12,41

Sie brachten Lebensmittel zum Unterhalt herbei: Mehl, Feigen- und Traubenkuchen, Wein, Öl …

Jesaja 47,2

Nimm die Mühle und mahle das Mehl! Weg mit dem Schleier!

Matthäus 13,33; Lukas 13,21

Mit dem Himmelreich ist es wie mit dem Sauerteig, den eine Frau unter einen großen Trog Mehl mischte.

Offenbarung 18,13

Feinstes Mehl

Merab → siehe Ahinoam I; Davids Frauen; Michal; Rizpa

1 Samuel 14,49

Merab und Michal, Töchter von Saul und vermutlich von Ahinoam (I).

1 Samuel 17,25

Wer Goliat erschlägt, bekommt die Tochter des Königs zur Frau.

1 Samuel 18,17-19

Merab, Sauls älteste Tochter, soll Davids Frau werden. Aber sie wird stattdessen mit Adriël von Mehola verheiratet.

2 Samuel 21,8-9

Merabs fünf Söhne werden umgebracht (Michal starb kinderlos).

Meschullemet »Ersetzte«
2 Könige 21,19
Meschullemet ist die Tochter des Haruz aus Jotba. Sie ist die Frau von Manasse und die Mutter von Amon, König von Juda.

Messiasbekenntnis
Johannes 4,26
Jesus bekennt sich selbst vor der Frau am Jakobsbrunnen.
Johannes 11,25-27
Martas Glaubensbekenntnis

Michas Mutter
Richter 17,1-5
Michas Mutter verwandelt einen Fluch in Segen.

Michaja → siehe Maacha II
2 Chronik 13,2.21
Michaja ist die Tochter des Uriël aus Gibea. Sie ist die Mutter des Abija, König von Juda, der vierzehn Frauen hat und zweiundzwanzig Söhne und sechzehn Töchter zeugt.

Michal »Lauteres Wasser« → siehe Merab
1 Samuel 14,49
Michal ist die jüngere Tochter von König Saul. Ihre Mutter ist vermutlich Ahinoam (I). Michal ist Merabs Schwester.
1 Samuel 18,20-29
Michal ist verliebt in David. David bekommt Michal zur Frau für zweihundert Vorhäute von erschlagenen Philistern.
1 Samuel 19,9-18
Michal hält zu David und verhilft ihm zur Flucht vor Saul.
1 Samuel 25,44
Michal ist inzwischen dem Palti zur Frau gegeben worden.
2 Samuel 3,13-16
David verlangt Michal von Palti zurück. Palti läuft weinend hinter ihr her.

2 Samuel 6,12-23; 1 Chronik 15,29

Michal verachtet und verspottet David. Sie stirbt kinderlos.

2 Samuel 21,8-14

Statt Michal muss es Merab heißen, denn Michal hatte keine Kinder.

Midianiterin

Genesis 25,2

Ketura, Abrahams Nebenfrau, ist die Stamm-Mutter der Midianiter.

Exodus 2,15-22

Mose heiratet die Midianiterin Zippora.

Numeri 25,1-8

Die Midianiterin Kosbi wird ermordet.

Milka I »Königin« → siehe Sara I; Rebekka

Genesis 11,29

Milka ist die Tochter Harans. Ihre Schwester ist Jiska. Milka heiratet Nahor.

Genesis 22,20-23

Milka hat acht Söhne geboren. Auch Betuël, Rebekkas Vater, ist Milkas Sohn.

Genesis 24,15.28.47.55

Rebekka nennt Milka »Mutter«.

Genesis 24,60

Milkas Segen für Rebekka

Milka II »Königin« → siehe Machla I; Noa; Hogla; Tirza I

Numeri 26,33

Die Töchter Zelofhads heißen Machla (I), Noa, Hogla, Milka und Tirza(I).

Numeri 27,1-11; Josua 17,3-6

Milka und ihre Schwestern setzen das Erbrecht für Töchter durch.

Numeri 36,6-12

Milka und ihre Schwestern heiraten ihre Vettern, damit ihr Erbbesitz dem Stamm Manasse erhalten bleibt.

Mirjam I »Tropfen des Meeres«
Exodus 2,1-10
Mirjam bewacht ihren kleinen Bruder Mose im Binsenkörbchen.
Numeri 26,59; 1 Chronik 5,29
Mirjam, die Tochter von Jochebed und Amram, ist die Schwester von Mose und Aaron. Sie gehört zum Stamm Levi.
Exodus 15,20-21
Die Prophetin Mirjam schreitet den Frauen voran, sie schlägt die Pauke und singt ihr Lied.
Numeri 12,1-16; Deuteronomium 24,9
Mirjam und Aaron lehnen Moses Verbindung mit der Kuschiterin ab. Mirjam wird aussätzig. Das Volk wartet auf sie, bis sie wieder gesund ist.
Numeri 20,1
Mirjam stirbt und wird in Kadesch begraben.
Numeri 21,17-18
Ein weiteres Mirjam-Lied?
Micha 6,4
Ich habe dir Mose und Aaron und Mirjam als Führer gegeben.

Mirjam II »Tropfen des Meeres« → siehe Bitja
1 Chronik 4,17
Mirjam ist die Tochter der Ägypterin Bitja. Ihr Vater ist Mered, ein Sohn Esras.

Moabiterin Das fruchtbare Land Moab liegt östlich des Jordan.
Genesis 19,30-38
Lots ältere Tochter ist die Ahnfrau der Moabiter.
Numeri 21,29; Jeremia 48,7.13.46
Kamosch oder Kemosch ist der Nationalgott der Moabiter.
Rut 1,4
Rut und Orpa sind Moabiterinnen.
1 Könige 11,1
Salomo liebt viele ausländische Frauen, auch Moabiterinnen.

1 Könige 11,7.33

Salomo errichtet dem Kemosch ein Heiligtum in Jerusalem.

1 Chronik 8,8-9

Hodesch, eine Frau aus Moab, heiratet in den Stamm Benjamin.

2 Chronik 24,26; 2 Könige 12,22

Josabad, Sohn der Moabiterin Schomer, ist einer der Verschwörer, die König Joasch ermorden.

Nehemia 13,23

Juden heiraten Moabiterinnen.

Jesaja 16,2

Wie flüchtende Vögel, aus dem Nest verscheucht, so sind die Töchter Moabs an den Furten des Arnon.

Molechet »Königtum« → siehe Machla II

1 Chronik 7,18

Molechet ist eine Schwester von Gilead. Ihre Tochter ist Machla (II).

Moloch (Gott)

Dem Moloch, auch Milkom genannt, Nationalgott der Ammoniter, wurden Kinder als Feueropfer dargebracht.

Levitikus 18,21

Von deinen Nachkommen darfst du keinen für Moloch darbringen.

Levitikus 20,2-5

Wer dem Moloch ein Kind opfert, wird gesteinigt.

Deuteronomium 18,10

Verbot, dem Moloch Kinder zu opfern: Wer seinen Sohn oder seine Tochter durchs Feuer gehen lässt …

2 Samuel 12,30; 1 Chronik 20,2

David erobert Rabba, die Hauptstadt der Ammoniter. Er raubt dem König (Kultstatue Moloch) die goldene Krone mit dem kostbaren Edelstein und setzt sie sich selbst auf.

1 Könige 11,5-7

Salomo verehrt den Milkom und errichtet ihm ein Heiligtum in Jerusalem.

2 Könige 23,10-13
König Joschija entweiht das Heiligtum, das Salomo dem Milkom errichtet hat.
Jeremia 32,35
Im Hinnomtal in Jerusalem befand sich eine Moloch-Opferstätte.
Zefanja 1,5
Zefanja prangert den Milkom-Kult in Jerusalem an.
Apostelgeschichte 7,43
Stephanus prangert in seiner großen Rede vor seiner Steinigung u. a. den Moloch-Kult an.

Monatsfluss
Levitikus 12,2-7
Opfervorschriften zur Reinigung der Wöchnerin
Levitikus 15,19-33
Vorschriften bei Verunreinigungen durch Menstruationsblut
Levitikus 18,19; 20,18
Kein Beischlaf während der Monatsregel
Ezechiel 22,10
Missbräuche in Jerusalem
Ezechiel 36,17
Menstruationsblut als Beispiel für Israels schlechtes Verhalten
Matthäus 9,18-26; Markus 5,21-43; Lukas 8,40-56
Jesus heilt eine blutflüssige Frau.

Mutterleib
Psalm 22,11; 71,6
Vom Mutterleib an bist du mein Gott.
Kohelet 5,14
Wie er aus dem Leib seiner Mutter herausgekommen ist – nackt, wie er kam, muss er wieder gehen.
Jesaja 44,2
So spricht der Herr, dein Schöpfer, der dich im Mutterleib geformt hat, der dir hilft: Fürchte dich nicht.
Jesaja 48,8
… man nennt dich abtrünnig vom Mutterleib an.

Jesaja 49,5; Jeremia 1,5; Jesus Sirach 49,7
Berufung schon im Mutterleib

Jeremia 20,17
Weil er mich nicht sterben ließ im Mutterleib …

Lukas 1,15
Schon im Mutterleib wird er vom Heiligen Geist erfüllt sein.

Galater 1,15
Gott, der mich schon im Mutterleib auserwählt und durch seine Gnade berufen hat.

Mutterschoß

Genesis 20,18
Wegen Sara (I) hatte der Herr im Haus des Abimelech jeden Mutterschoß verschlossen.

Genesis 49,25
Mit dem Segen von Brust und Schoß (Jakobs Segen für Josef)

Exodus 13,2
Alles, was bei den Israeliten den Mutterschoß durchbricht, bei Mensch und Vieh, gehört mir.

Numeri 3,12; 8,16
Alle Leviten als Ersatz für alle erstgeborenen Israeliten, die den Mutterschoß durchbrechen.

Numeri 12,12
Mirjam (I) soll nicht wie eine Totgeburt sein, die schon halb verwest ist, wenn sie den Schoß der Mutter verlässt.

1 Samuel 20,30
»Ich weiß sehr gut, dass du dich zu deiner eigenen Schande und zur Schande des Schoßes deiner Mutter für den Sohn Isais entschieden hast!« (Saul tadelt seinen Sohn Jonatan wegen dessen homosexueller Neigung.)

Ijob 3,10-11; 10,18
Warum starb ich nicht vom Mutterschoß weg?

Ijob 31,15.18
Hat nicht der Eine uns im Mutterschoß gebildet?

Ijob 38,8
Wer verschloss das Meer mit Toren, als schäumend es dem Mutterschoß entquoll …?

Psalm 22,10-11
Du bist es, der mich aus dem Schoß meiner Mutter zog ...

Psalm 58,4
Vom Mutterschoß an sind die Frevler treulos ...

Psalm 71,6
Vom Mutterschoß an bist du mein Beschützer.

Psalm 139,13
Du hast mich gewoben im Schoß meiner Mutter.

Weisheit 7,1-3
Im Schoß der Mutter wurde ich zu Fleisch geformt.

Jesaja 37,3
Die Kinder sind bis zur Öffnung des Mutterschoßes gelangt, doch den Frauen fehlt die Kraft zum Gebären.

Jesaja 46,3
Hört auf mich, ihr vom Hause Jakob, ... die mir aufgebürdet sind vom Mutterleib an, die von mir getragen wurden, seit sie den Schoß ihrer Mutter verließen.

Jesaja 49,1
Der Herr hat mich schon im Mutterleib berufen.

Jeremia 1,5
Ehe du aus dem Mutterschoß hervorkamst, habe ich dich geheiligt zum Propheten der Völker.

Jeremia 20,17-18
Warum denn kam ich hervor aus dem Mutterschoß ...?

Klagelieder 2,12
Da sie ihre Seele aushauchen auf dem Schoß ihrer Mutter ...

Hosea 12,4
Schon im Mutterleib hinterging er (Jakob) seinen Bruder.

Hosea 13,13
Wenn die Zeit da ist, kommt er nicht heraus aus dem Mutterschoß.

Lukas 2,21
... noch ehe das Kind im Schoß seiner Mutter (Maria I) empfangen wurde.

Johannes 3,1-13

Nikodemus und Johannes unterhalten sich über Geburt und Wiedergeburt.

Römer 4,19

Abraham war sich bewusst, dass sein Leib und auch Saras (I) Mutterschoß bereits erstorben waren.

Mutter und Kind (Auswahl)

Psalm 131,2

… wie ein kleines Kind bei der Mutter, ist meine Seele still in mir.

Sprichwörter 1,8-9; 6,20-22

Die Mahnung des Vaters und die Lehre der Mutter sind ein schöner Kranz auf deinem Haupt und eine Kette für deinen Hals.

Weisheit 3,13; 4,1.6

Selig ist die Kinderlose, … sie wird gleich einer Mutter geehrt.

Hosea 4,5

Auch deine Mutter lasse ich umkommen.

Matthäus 15,38

Frauen und Kinder nehmen an der Speisung der Viertausend teil.

Lukas 7,15

Und Jesus gab ihn seiner Mutter wieder (Witwe zu Nain).

1 Thessalonicher 2,7

Wie eine Mutter für ihre Kinder sorgt (so sorgt Paulus für die Gemeinde).

Muttersprache

2 Makkabäer 7,8.21.27

Die Märtyrer und ihre Mutter reden in ihrer Muttersprache miteinander.

Apostelgeschichte 2,8

Jeder kann sie in seiner Muttersprache hören.

Mutter und Sohn (Auswahl) → siehe Eva und Kain und Abel; → Sara (I) und Isaak; → Hagar und Ismael; → Ketura und Söhne; → Rebekka und Jakob; → Lea und Ruben; → Rahel, Josef und Benjamin; → Hanna (I) und Samuel; → Rizpa und ihre Söhne; → Zeruja und ihre Söhne; → Batseba und Salomo; → Die Frau von Schunem; → Sarepta/Die Witwe von Sarepta; → Lemuël und seine Mutter; → Simsons Mutter; → Hanna (II) und Tobias; → Elisabet und Johannes; → Maria (I) und Jesus

Genesis 2,24

Darum verlässt der Mann Vater und Mutter und bindet sich an seine Frau.

2 Makkabäer 7,1-41

Eine Mutter ist Zeugin des Martyriums ihrer sieben Söhne. Sie bleibt standhaft und gläubig und wird selbst zur Märtyrerin.

Sprichwörter 23,22

Verachte deine Mutter nicht, wenn sie alt wird.

Sprichwörter 23,25

Jubeln möge die Mutter, die dich gebar.

Lukas 7,11-17

Die Witwe zu Nain, deren Sohn Jesus auferweckt.

Mutter und Tochter (Auswahl) → siehe Milka (I) und Sara (I); → Lea und Dina; → Isebel (I) und Atalja; → Rut und Noomi; → Edna und Sara (II); → Herodias und ihre Tochter (Salome); → Die Syrophönizierin

N

Naama I »Anmutig; Hübsch«

Genesis 4,22

Naama ist die Tochter von Zilla und Lamech, sie gilt als die Ahnfrau der Freudenmädchen. Sie ist eine Enkelin von Kain.

Naama II »Anmutig; Hübsch«

1 Könige 14,21.31; 2 Chronik 12,13

Die Ammoniterin Naama ist die Frau von König Salomo. Sie ist die Mutter von Rehabeam, Salomos einzigem Sohn und Nachfolger. Maacha (III) ist ihre Schwiegertochter.

Naama III (geografisch)
Josua 15,41
Städte im Bereich des Stammes Juda. … In der Schefela: … Naama
Ijob 2,11; 11,1; 42,9
Zofar von Naama (III) ist einer der drei Freunde Ijobs.

Naaman mit Frau und Sklavin
2 Könige 5,1-27
Die Sklavin kennt den Propheten Elischa, und Naaman, Heerführer des Königs von Aram, wird dank ihrer Vermittlung vom Aussatz geheilt.
Lukas 4,27
Jesus nimmt diese Heilungsgeschichte als Beleg dafür, dass kein Prophet in seiner Heimat anerkannt wird.

Naara I »Junges Mädchen« → siehe Hela
1 Chronik 4,5
Naara und Hela sind Frauen von Aschhur, dem Vater Tekoas. Naara hat vier Söhne und ist die Ahnfrau mehrerer Clans.

Naara II (geografisch)
Josua 16,7; 1 Chronik 7,28
Naara ist ein Ort an der Grenze von Efraim und Manasse, nahe bei Jericho.

Nanäa (Göttin)
2 Makkabäer 1,13-16
Nanäa ist eine babylonische Göttin, sie ist die älteste Göttin Susas und wird seit 2000 v. Chr. verehrt. In ihrem Haupttempel, dem Nanaion in Elymaïs, wird Antiochus IV. von den Priestern der Göttin getötet.
Jesaja 46,1; Jeremia 51,44
Bel (Hauptgott von Babylon) stürzt und mit ihm der Gott Nebo (Bels Sohn, der Gemahl der Nanäa). Babylons Untergang
Jesaja 47,1-15
Mit der Tochter Babel ist auch Nanäa gemeint.

Später wird Nanäa als Anahita, Göttin der Fruchtbarkeit und des Wassers, und als Herrin der Atmosphäre verehrt.

Nebenfrau

Genesis 22,23-24

Auch Nahors Nebenfrau Rëuma bekam Kinder, drei Söhne und eine Tochter. Ihre Tochter ist Maacha (I).

Genesis 25,6

Die Söhne seiner Nebenfrauen findet Abraham mit Geschenken ab und schickt sie weit weg nach Osten.

Genesis 35,22; 49,3-4

Ruben schläft mit Bilha, der Nebenfrau seines Vaters.

Genesis 36,12

Timna (I) ist die Nebenfrau des Elifas (Esaus Sohn), ihr Sohn ist Amalek.

Levitikus 18,18

Du darfst die Schwester deiner Frau nicht zur Nebenfrau nehmen.

Richter 8,31

Auch Gideons Nebenfrau gebar ihm einen Sohn, Abimelech.

Richter 19,1-30; 21,1-14

Die Vergewaltigung und Ermordung einer Nebenfrau

2 Samuel 3,7; 21,10-14

Rizpa, Sauls Nebenfrau

2 Samuel 5,13

In Jerusalem nahm sich David noch mehr Nebenfrauen.

2 Samuel 15,16

Der König lässt zehn Nebenfrauen zurück, um den Palast zu hüten, als er vor Abschalom flieht.

2 Samuel 16,20-22

Abschalom geht zu den Nebenfrauen seines Vaters.

2 Samuel 19,6

Davids Frauen und Nebenfrauen sind gerettet.

2 Samuel 20,3

David lässt seine zehn Nebenfrauen für immer einsperren.

1 Könige 11,3

Salomo hat dreihundert Nebenfrauen.

1 Chronik 1,32

Die Söhne von Abrahams Nebenfrau Ketura

1 Chronik 2,46-49

Kalebs Nebenfrauen Efa (I) und Maacha (IV) und ihre Kinder

1 Chronik 3,1-9

Alle Söhne Davids, ohne die Söhne seiner Nebenfrauen

1 Chronik 7,14

Manasses aramäische Nebenfrau gebar Machir, den Vater Gileads.

2 Chronik 11,21

Rehabeam hatte Maacha (III) am liebsten von allen seinen Frauen und Nebenfrauen, er hatte sich achtzehn Frauen und sechzig Nebenfrauen genommen und achtundzwanzig Söhne und sechzig Töchter gezeugt.

Ester 2,14

Schaaschgas ist der Aufseher der Nebenfrauen.

2 Makkabäer 4,30

Antiochis, die Nebenfrau des Königs

Das Hohelied 6,8-9

Frauen und Nebenfrauen des Königs

Jesus Sirach 25,14-15

Jedes Ungemach ist zu ertragen, nur nicht die Rache durch die Nebenfrau.

Daniel 5,2-3.23

Belschazzar trinkt mit seinen Frauen und Nebenfrauen Wein aus den Tempelgefäßen.

Nehuschta »Kupferne«

2 Könige 24,8-17; Jeremia 22,26-27

Nehuschta, die Tochter Elnatans aus Jerusalem, ist die Frau des Königs Jojakim und Mutter von Jojachin, der mit achtzehn Jahren König wird. Sie gerät mit ihrem Sohn und dem Hofstaat in die Babylonische Gefangenschaft.

Jeremia 29,2

Der Prophet nennt Nehuschta »die Herrin«.

Nehuschtan → siehe Kupferschlange

Nereus (männlich)

Römer 16,15

Paulus grüßt Nereus und seine Schwester. Ihr Name ist unbekannt.

Noa → siehe Machla I; Hogla; Milka II; Tirza I

Numeri 26,33; 27,1; 36,11; Josua 17,3

Die Töchter Zelofhads heißen Machla (I), Noa, Hogla, Milka (II), Tirza (I). Sie setzen das Erbrecht für Töchter durch und heiraten ihre Vettern im Stamm Manasse.

Noachs Frau

Genesis 6,18

Gott schickt Noach, seine Söhne, seine Frau und seine Schwiegertöchter in die Arche.

Genesis 7,7.13

Noach und seine Frau gehen gemeinsam mit allen Familienmitgliedern in die Arche.

Genesis 8,16.18

Sie verlassen gemeinsam die Arche.

Noadja »Begegnung mit Ruhe«

Nehemia 6,14

Die Prophetin Noadja und der Prophet Nehemia sind einander feindlich gesonnen.

Noomi »Liebliche« → siehe Rut

Rut 1,1-5

Wegen einer Hungersnot verlässt Noomi mit ihrer Familie Betlehem und geht nach Moab. Dort sterben ihr Mann und ihre beiden Söhne.

Rut 1,6-22

Noomi kehrt als Witwe mit ihrer Schwiegertochter Rut aus dem Grünland Moab nach Betlehem zurück. Ihre Schwiegertochter Orpa bleibt in Moab.

Rut 2,1-23

Rut lernt Boas auf dem Kornfeld kennen. Noomi klärt ihre Schwiegertochter über die verwandtschaftlichen Beziehungen zu Boas und über seine Verpflichtungen auf.

Rut 3,1- 4,12

Noomis Heiratspläne für ihre Schwiegertochter gehen in Erfüllung.

Rut 4,13-17

Noomi ist glücklich über die Geburt ihres Enkelkindes Obed.

Nympha

Kolosser 4,15

Nympha ist eine Christin in Laodizea. Sie ist Leiterin einer Hausgemeinde. Paulus grüßt sie.

O

Öl (Auswahl)

1 Könige 17,12

Sie sagte: … Ich habe nichts mehr vorrätig als eine Handvoll Mehl im Topf und ein wenig Öl im Krug.

1 Könige 17,14

… und der Ölkrug wird nicht versiegen bis zu dem Tag, an dem der Herr wieder Regen auf den Erdboden sendet.

2 Könige 4,1-7

Das Öl der Witwe. Durch ein Wunder sind sämtliche Gefäße mit Öl gefüllt, von dessen Verkauf sie leben kann.

Judit 10,5

Ihrer Dienerin gab sie (Judit II) einen Schlauch Wein und ein Gefäß mit Öl.

Judit 16,7

Sie salbte ihr Gesicht mit duftendem Öl.

Psalm 128,3

Wie junge Ölbäume sind deine Kinder rings um deinen Tisch.

Jesaja 57,9

Für den Moloch hast du dein Öl verschwendet und deine Salben aufgehäuft.

Hosea 2,5-8

Sie sagte: Ich will meinen Liebhabern folgen; sie geben mir Brot und Wasser, Wolle und Leinen, Öl und Getränke.

Matthäus 25,1-13

Das Gleichnis von den zehn Jungfrauen. Fünf von ihnen haben nicht genug Lampenöl mitgenommen.

Matthäus 26,6-13; Markus 14,3-9; Lukas 7,36-50; Johannes 12,3-8

Die Salbung in Betanien

Offenbarung 6,6

Dem Öl und dem Wein füge keinen Schaden zu!

Ohola und Oholiba »Sein Zelt« und »Mein Zelt in ihr«

Ezechiel 23,1-49

Das Gleichnis von den schamlosen Schwestern Israel und Juda

Ohola ist die symbolische Bezeichnung für die Stadt Samaria (Hauptstadt von Israel). Sie ist die Schwester von Oholiba, das ist Jerusalem (Hauptstadt von Juda). Beide Schwestern werden Jahwe untreu und müssen deswegen unter den Strafen des eifersüchtigen Gottes leiden.

Oholibama »Mein Zelt ist das Höhenheiligtum« → siehe Esaus Frauen

Genesis 36,1-5.14.18

Die Kanaaniterin Oholibama ist Esaus zweite Frau. Sie ist die Tochter der/des Ana. Oholibama hat drei Söhne.

Genesis 36,41; 1 Chronik 1,52

Die Sippe Oholibama trägt ihren Namen.

Ohrring → siehe Schmuck

Genesis 35,4

Jakob vergräbt die Ohrgehänge, die die Frauen aus Haran mitgebracht haben, unter der Eiche bei Sichem.

Exodus 32,2-4
Ohrringe zur Herstellung des Goldenen Kalbes.

Numeri 31,50
Ohrgehänge und anderer Schmuck werden für das Heiligtum geopfert.

Richter 8,26
Gideon fertigt einen Kultgegenstand aus Ohrringen und anderem Goldschmuck.

Judit 10,4
Judit (II) schmückt sich. Sie legt sich die Fingerringe und Ohrgehänge an.

Jesaja 3,16-24
Die stolzen Frauen von Jerusalem werden bestraft, der Herr nimmt ihnen ihren Schmuck, … die Ohrgehänge.

Ezechiel 16,2
Deine Nase schmückte ich mit einem Reif, Ohrringe hängte ich dir an die Ohren.

Das Opfer der Witwe
Markus 12,41-44; Lukas 21,1-4
Jesus lobt die Opferbereitschaft einer Witwe, die zwei Münzen spendet.

Orpa »Die den Rücken wendet« → siehe Noomi; Rut
Rut 1,4
Orpa ist eine Moabiterin. Sie heiratet Noomis Sohn Machlon. Orpas Ehemann Machlon stirbt.

Rut 1,6-14
Orpa folgt ihrer Schwiegermutter Noomi, die in ihre Heimat zurückkehren will. An der Grenze beschließt Orpa, in Moab zu bleiben, während ihre Schwägerin Rut Moab für immer verlässt.

P

Peninna »Perle« → siehe Hanna I
1 Samuel 1,2-18
Peninna ist die zweite Frau von Elkana. Sie macht Hanna, Elkanas Lieblingsfrau, Mutter von Samuel, das Leben schwer.

Persis
Römer 16,12
Persis ist eine eifrige Christin in Rom. »Grüßt die liebe Persis«, schreibt Paulus.

Pförtnerin
Johannes 18,16-17
Die Pförtnerin erkennt Petrus als einen der Jünger Jesu. Petrus leugnet seine Verbindung mit Jesus.

Phöbe »Glänzende«
Der Name Phöbe ist der Beiname der Göttin Artemis als Mondgöttin.
Römer 16,1-2
Von Phöbe, einer Diakonin in Kenchreä, dem Hafen von Korinth, sagt Paulus: »Sie hat vielen, auch mir, geholfen.« Er nennt sie Schwester. Vermutlich hat sie den Römerbrief von Korinth nach Rom gebracht.

Pilatus' Frau
Matthäus 27,19
Sie hat einen Traum und warnt Pilatus davor, Jesus zu verurteilen.

Potifars Frau
Genesis 39,1-23
Die Frau des Kämmeres und Chefs der Leibwache des Pharao verliebt sich in den jungen Sklaven Josef und versucht, ihn zu verführen. Weil Josef nicht darauf eingeht, sorgt sie dafür, dass er ins Gefängnis kommt. Ihr Name ist unbekannt.

Priestertochter/-Frau → siehe Zippora
Levitikus 22,12-13
Wenn eine Priestertochter einen Laien heiratet …
Ezechiel 44,22
Ein Priester darf keine Witwe und keine verstoßene Frau heiraten …

Priska/Priszilla »Priszilla« ist eine verniedlichende Nebenform von »Priska«.

Adolf von Harnack vermutet, dass Priska den Hebräerbrief geschrieben hat. Ungewöhnlich oft wird Priska vor Aquila genannt (siehe Adolf von Harnack, Die Mission und Ausbreitung des Christentums in den ersten drei Jahrhunderten, Leipzig 1902, S. 359).

Apostelgeschichte 18,2-3

Paulus trifft in Korinth das Zeltmacher-Ehepaar Priszilla und Aquila, das Rom verlassen musste.

Apostelgeschichte 18,18-21

Priszilla, Aquila und Paulus verlassen Korinth und segeln nach Ephesus.

Apostelgeschichte 18,26

Priszilla und Aquila nehmen Apollos bei sich auf und unterrichten ihn.

Römer 16,3-5

Paulus grüßt Priska und Aquila, die wieder in Rom sind.

1 Korinther 16,19

Priska und Aquila und ihre Hausgemeinde senden Grüße an die Gemeinde in Korinth.

2 Timotheus 4,19

Paulus grüßt Priska und Aquila in Ephesus.

Prophetin → siehe auch Mirjam I → Debora II → Hulda → Noadja → Hanna III

Jesaja 8,3

Jesaja ging zur Prophetin (seine Frau) und sie wurde schwanger.

Apostelgeschichte 21,8

Vier prophetisch begabte Töchter des Philippus

Offenbarung 2,20

Isebel (II), die sich Prophetin nennt.

Pua »Junges Mädchen« → siehe Schifra

Exodus 1,15-22

Der Pharao befiehlt Pua und Schifra, zwei hebräischen Hebammen, die neugeborenen Knaben in den Nil zu werfen. Aber sie lassen sie am Leben.

Purpurhändlerin → siehe Lydia

Q

Quelle (Auswahl) → siehe Brunnen

Genesis 7,11

An diesem Tag brachen alle Quellen der gewaltigen Urflut auf, und die Schleusen des Himmels öffneten sich.

Genesis 8,2

Die Quellen der Urflut und die Schleusen des Himmels schlossen sich.

Genesis 16,7

Der Engel des Herrn fand Hagar an einer Quelle in der Wüste, an der Quelle auf dem Weg nach Schur.

Genesis 24,13

Die Töchter der Stadtbewohner kommen heraus, um aus der Quelle Wasser zu schöpfen.

Genesis 24,16

Rebekka steigt zur Quelle hinab, füllt ihren Krug und kommt wieder herauf.

Exodus 15,27

Dort gab es zwölf Quellen und siebzig Palmen; dort schlugen sie ihr Lager auf.

Levitikus 11,36

Nur eine Quelle und eine Zisterne mit angesammeltem Wasser bleiben rein.

Deuteronomium 8,7-18

Wenn der Herr, dein Gott, dich in ein prächtiges Land führt, ein Land mit Bächen, Quellen und Grundwasser …

Josua 15,19; Richter 1,15

Achsa sagt zu ihrem Vater: »Wenn du mich schon ins Trockenland schickst, dann gib mir auch Wasserstellen!« Da gab er ihr die obere und die untere Quelle.

Richter 15,19

Die Quelle bei Lehi wird bis zum heutigen Tag »Quelle des Rufers« genannt.

2 Könige 2,21

Elischa ging zur Wasserquelle und warf das Salz hinein mit den Worten: »So spricht der Herr: Ich mache dieses Wasser gesund. Es wird keinen Tod und keine Fehlgeburt mehr verursachen.«

2 Könige 3,19.25

Sie schütteten alle Wasserquellen zu, warfen Steine auf die Äcker und fällten alle Bäume.

2 Chronik 32,3-4

Hiskija überlegte mit seinen Obersten und Helden, ob man nicht die Wasserquellen außerhalb der Stadt verstopfen solle. … Man holte viel Volk zusammen und verstopfte alle Quellen und den Bach, der mitten durch das Tal fließt; denn man sagte sich: Wozu sollen die Könige von Assur bei ihrer Ankunft reichlich Wasser finden?

Judit 6,11

So gelangten sie zu den Quellen unterhalb von Betulia.

Judit 7,3

Die Assyrer schlugen in der Ebene bei Betulia an der Quelle ihr Lager auf.

Judit 7,7

Holofernes spürte ihre Wasserquellen auf und nahm sie in Besitz.

Judit 7,12

Es genügt, wenn deine Knechte die Wasserquelle in ihren Besitz bringen, die am Fuß des Berges entspringt.

Judit 7,17

Die Assyrer schlugen in der Ebene ein Lager auf und besetzten die Brunnen und Quellen der Israeliten.

Judit 12,7

Judit (II) ging jede Nacht in die Schlucht von Betulia hinaus, um sich im Lager an der Wasserquelle zu baden.

Ijob 38,16

Bist du zu den Quellen des Meeres gekommen, hast du des Urgrunds Tiefe durchwandert?

Psalm 36,10

Denn bei dir ist die Quelle des Lebens.

Psalm 74,15

Hervorbrechen ließest du Quellen und Bäche.

Psalm 87,7

Und sie werden beim Reigentanz singen: Alle meine Quellen entspringen in dir.

Psalm 104,10

Du lässt die Quellen hervorsprudeln in den Tälern, sie eilen zwischen den Bergen dahin.

Psalm 114,8

… der den Fels zur Wasserflut wandelt und Kieselgestein zu quellendem Wasser.

Sprichwörter 5,16

Sollen deine Quellen auf die Straße fließen, auf die freien Plätze deine Bäche?

Sprichwörter 8,24

Als die Urmeere noch nicht waren, wurde ich (die Weisheit) geboren, als es die Quellen noch nicht gab, die wasserreichen.

Sprichwörter 8,28.30

… als er die Quellen strömen ließ aus dem Urmeer, … da war ich (die Weisheit) als geliebtes Kind bei ihm.

Sprichwörter 10,11

Der Mund des Gerechten ist ein Lebensquell.

Sprichwörter 13,14

Die Lehre des Weisen ist ein Lebensquell.

Sprichwörter 14,27

Die Gottesfurcht ist ein Lebensquell.

Sprichwörter 16,22

Wer Verstand besitzt, dem ist er ein Lebensquell.

Sprichwörter 18,4

Tiefe Wasser sind die Worte aus dem Mund eines Menschen, ein sprudelnder Bach, eine Quelle der Weisheit.

Sprichwörter 25,26

Ein getrübter Brunnen, ein verschütteter Quell ist ein Gerechter, der vor dem Frevler wankt.

Kohelet 12,6-8

… ehe die silberne Schnur zerreißt, die goldene Schale bricht, der Krug an der Quelle zerschmettert wird.

Jesus Sirach 14,10

… selbst eine schwache Quelle spendet Wasser auf den Tisch.

Jesus Sirach 21,13-14

Das Wissen des Weisen schwillt an wie ein Bach, wie ein lebendiger Quell ist sein Rat. Das Herz des

Toren ist wie eine geborstene Zisterne: Es hält keine Weisheit fest.

Das Hohelied 4,12

Ein verschlossener Garten ist meine Schwester Braut, ein verschlossener Garten, ein versiegelter Quell.

Das Hohelied 4,15

Die Quelle des Gartens bist du, ein Brunnen lebendigen Wassers.

Jesaja 12,3

Ihr werdet Wasser schöpfen voll Freude aus den Quellen des Heils.

Jesaja 35,6-7

In der Wüste brechen Quellen hervor, und Bäche fließen in der Steppe. Der glühende Sand wird zum Teich und das durstige Land zu sprudelnden Quellen.

Jesaja 41,18

Auf den kahlen Hügeln lasse ich Ströme hervorbrechen und Quellen inmitten der Täler.

Jesaja 49,10

Sie leiden weder Hunger noch Durst, … denn er leitet sie voll Erbarmen und führt sie zu sprudelnden Quellen.

Jesaja 55,1-3; Sacharja 14,8

Auf, ihr Durstigen, kommt alle zum Wasser!

Jesaja 58,11

Du gleichst einem bewässerten Garten, einer Quelle, deren Wasser niemals versiegt.

Jeremia 2,13

Denn mein Volk hat doppeltes Unrecht verübt: Mich hat es verlassen, den Quell des lebendigen Wassers, um sich Zisternen zu graben, Zisternen mit Rissen, die das Wasser nicht halten.

Jeremia 17,13

Sie haben den Herrn verlassen, den Quell lebendigen Wassers.

Jeremia 51,36

… ich will dich rächen. Ich lasse seinen Strom vertrocknen und seine Quelle versiegen.

Ezechiel 47,19

Die Südgrenze im Negeb: Von Tamar (IV) bis zu

den Quellen von Meribat-Kadesch und dem Bach, der ins große Meer fließt.

Daniel 3,77

Preist den Herrn, ihr Quellen, lobt und rühmt ihn in Ewigkeit.

Hosea 13,15

Efraims Brunnen versiegen und seine Quellen vertrocknen.

Joël 4,18

An jenen Tagen ... entspringt eine Quelle im Haus des Herrn.

Sacharja 13,1

An jenem Tag wird ... eine Quelle fließen zur Reinigung von Sünde und Unreinheit.

Johannes 4,14

... das Wasser, das ich ihm gebe, wird in ihm zur sprudelnden Quelle, deren Wasser ewiges Leben schenkt.

Jakobus 3,11-12

Lässt etwa eine Quelle aus derselben Öffnung süßes und bitteres Wasser hervorsprudeln? ... So kann auch eine salzige Quelle kein Süßwasser hervorbringen.

2 Petrus 2,17

Diese Menschen sind Quellen ohne Wasser, sie sind Wolken, die der Sturm vor sich herjagt.

Offenbarung 7,17

Denn das Lamm in der Mitte vor dem Thron wird sie weiden und zu den Quellen führen, aus denen das Wasser des Lebens strömt, und Gott wird alle Tränen von ihren Augen abwischen.

Offenbarung 8,10

Da fiel ein großer Stern vom Himmel; er loderte wie eine Fackel und fiel auf ein Drittel der Flüsse und auf die Quellen.

Offenbarung 14,7

Betet ihn an, der den Himmel und die Erde, das Meer und die Wasserquellen geschaffen hat.

Offenbarung 16,4

Der dritte Engel goss seine Schale über die Flüsse und Quellen. Da wurde alles zu Blut.

Offenbarung 21,6; Exodus 7,19

Wer durstig ist, den werde ich umsonst aus der Quelle trinken lassen, aus der das Wasser des Lebens strömt.

R

Rahab I »Wild«; »Stürmisch«

Josua 2,1-24

Rahab lebt in Jericho, ihre Schankstube befindet sich in der Stadtmauer. Sie gilt als Prostituierte und hilft Josua bei der Eroberung Jerichos.

Josua 6,17.22-25

Die Stadtmauer fällt, Jericho wird zerstört, aber Rahab und ihre Familie werden in Sicherheit gebracht.

Matthäus 1,5

Im Stammbaum Jesu wird Rahab als die Frau von Salmon und die Mutter von Boas genannt. Demnach ist sie die Schwiegermutter von Rut.

Hebräer 11,31

Aufgrund des Glaubens kam die Dirne Rahab nicht um.

Jakobus 2,25

Wurde nicht auch die Dirne Rahab durch ihre Werke als gerecht anerkannt?

Rahab II »Wild«; »Stürmisch« (mythologisch) → siehe auch Drache; Leviatan

Chaosungeheuer, Personifikation des Urmeeres. Auch symbolische Bezeichnung für Ägypten.

Ijob 9,13

Unter Gottes Zorn mussten sich selbst Rahabs Helfer beugen.

Ijob 26,12

… durch seine Klugheit zerschmettert er Rahab.

Psalm 89,11

Rahab hast du durchbohrt und zertreten.

Jesaja 30,7

Nutzlos ist die Hilfe Ägyptens, darum nenne ich es: die untätige Rahab.

Jesaja 51,9
Warst du es nicht, der die Rahab zerhieb und den Drachen durchbohrte?

Rahel »Schaf« → siehe Lea
Genesis 29,1-33
Jakob flieht nach Haran und verliebt sich in Rahel. Nach sieben Jahren heiratet er Lea und Rahel.
Genesis 30,1-21
Rahel und Leas Schwesternstreit. Bilha, Rahels Magd, bringt für Rahel Kinder zur Welt.
Genesis 30,22-25
Rahels Sohn Josef wird geboren. Josef ist Jakobs Lieblingssohn.
Genesis 31,1-54
Rahel nimmt die Hausgötter ihres Elternhauses mit, als sie Haran verlässt.
Genesis 33,1-16
Jakobs Familie trifft auf Esau.
Genesis 35,16-20; 48,7
Benjamin wird geboren. Rahel stirbt und wird in der Nähe von Betlehem begraben.
Genesis 35,24-25
Rahels Söhne: Josef und Benjamin. Die Söhne ihrer Magd Bilha: Dan und Naftali
Genesis 46,19-22
Die Söhne und Nachkommen Rahels
Genesis 46,23-25
Die Söhne und Nachkommen von Rahels Magd Bilha
Genesis 48,8-22
Jakobs Segen für Rahels Enkelkinder Efraim und Manasse
Genesis 49,22-27
Jakobs Segen für Rahels Söhne Josef und Benjamin
Rut 4,11
Die Zeugen im Tor sagten zu Boas: Der Herr mache die Frau, die in dein Haus kommt,wie Rahel und Lea!
1 Samuel 10,2
Der Prophet sagt zu Saul: Du wirst beim Grab der Rahel … zwei Männer treffen.

Jeremia 31,15; Matthäus 2,18

Rahel weint um ihre Kinder und will sich nicht trösten lassen, … denn sie sind dahin.

Rebekka »Kuh«

Genesis 22,23

Rebekka ist die Tochter von Betuel, Milkas (I) Sohn, in Haran.

Genesis 24,1-61

Die Brautwerbung in Haran

Genesis 24,62-67

Rebekka wird Isaaks Frau. Sie bezieht das Zelt ihrer Schwiegermutter Sara (I).

Genesis 25,19-26

Rebekka wird schwanger. Sie befragt ein Orakel. Geburt der Zwillinge Esau und Jakob

Genesis 25,28

Rebekka hat Jakob lieber als Esau.

Genesis 26,7-11

Isaak gibt Rebekka für seine Schwester aus und bringt sie dadurch in Gefahr.

Genesis 26,34-35

Esaus Frauen werden für Rebekka und Isaak Anlass zu bitterem Gram.

Genesis 27,1-28,7

Rebekka verschafft Jakob den Erstgeburtssegen und verhilft ihm zur Flucht nach Haran.

Genesis 29,12

Jakob begegnet Rahel und erzählt ihr von Rebekka.

Genesis 35,8

Rebekkas Amme Debora (I) stirbt. Sie wird in der Nähe von Bet-El unter der Eiche begraben.

Genesis 49,31

Rebekka stirbt und wird im Familiengrab Machpela im Hain Mamre in Kanaan begraben.

Römer 9,10-13

Paulus erinnert an das Geburtsorakel, das Rebekkas Sohn Jakob als Segensträger kennzeichnet.

Rehabeams Frauen

Rehabeam ist Salomos einziger Sohn. → siehe Naama II; Maacha III; Michaja; Mahalat II

2 Chronik 11,21
Rehabeam hatte achtzehn Frauen und sechzig Nebenfrauen. Er zeugte achtundzwanzig Söhne und sechzig Töchter.
2 Chronik 11,23
Rehabeam sorgt gut für seine Söhne und wirbt viele Frauen für sie.
Jesus Sirach 47,23
Rehabeam war starrköpfig, reich an Torheit, arm an Einsicht.

Rëuma »Barmherzig«
Genesis 22,23-24
Rëuma ist die Nebenfrau von Nahor. Sie ist die Mutter von Maacha (I) und drei Söhnen.

Reigentanz → siehe Tanzen
Exodus 15,20
Alle Frauen zogen mit Pauken und Tanz hinter Mirjam her.
Exodus 32,1-6.17-20
Der Tanz um das Goldene Kalb
Richter 11,34
Als Jiftach … in sein Haus zurückkehrte, kam ihm seine Tochter entgegen; sie tanzte zur Pauke.
Richter 21,21-23
Wenn ihr seht, wie die Töchter Schilos herauskommen, um im Reigen zu tanzen, dann kommt aus den Weinbergen hervor (Frauenraub in Schilo).
1 Samuel 18,6-7
Die Frauen aus allen Städten zogen König Saul singend und tanzend mit Handpauken, Freudenrufen und Zimbeln entgegen.
1 Samuel 21,12
… von dem man beim Reigentanz gesungen hat …
Judit 15,12-14
Judit (II) führt den Festreigen der Frauen an.
Psalm 30,12
Da hast du mein Klagen in Tanzen verwandelt.
Psalm 87,7
Und sie werden beim Reigentanz singen: All meine Quellen entspringen in dir.

Psalm 118,27

Mit Zweigen in den Händen schließt euch zusammen zum Reigen.

Psalm 149,3; 150,4

Seinen Namen sollen sie loben beim Reigentanz, ihm spielen auf Pauken und Harfen.

Das Hohelied 7,1

Was wollt ihr an Schulammit sehen? Den Lager-Tanz!

Jeremia 31,4

Du (Jungfrau Israel) sollst dich wieder schmücken mit deinen Pauken, sollst ausziehen im Reigen der Fröhlichen.

Jeremia 31,13

Dann freut sich das Mädchen beim Reigentanz.

Klagelieder 5,15

Dahin ist unseres Herzens Freude, in Trauer gewandelt unser Reigen.

Rhode »Rose«

Apostelgeschichte 12,13-16

Rhode ist Magd im Haus der Maria (VI) in Jerusalem. Als Petrus an das Tor klopft, ist sie so verwirrt vor Freude und Überraschung, dass sie vergisst, es zu öffnen.

Rizpa »Glühender Stein«

2 Samuel 3,7

Rizpa ist eine Nebenfrau von König Saul. Sie ist die Tochter Ajas. Nach Sauls Tod schläft Abner, des Königs Heerführer, mit ihr.

2 Samuel 3,8-11

Aus Zorn über die Rüge wegen Rizpa läuft Abner zu David über.

2 Samuel 21,1-10

Nach dreijähriger Dürrezeit sucht David ein Orakel auf. Es wird erst regnen, wenn eine alte Blutschuld gesühnt ist. David überlässt den Gibeonitern Sauls Söhne zur Opferung. Armoni und Merib-Baal, Rizpas Söhne, werden gemeinsam mit den fünf Söhnen Michals (gemeint ist Merab) in der Kultstätte auf dem Berg Gibeon hingerichtet. Rizpa legt Sackleinen auf die Steine und bewacht die Toten Tag und Nacht, von Beginn der Gerstenernte bis zum sehnlich erwarteten Regen.

2 Samuel 21,11-14

Als David hört, was Rizpa getan hat, lässt er die Leichname Sauls und Jonatans gemeinsam mit den sieben Hingerichteten im Familiengrab beisetzen.

Rogel-Quelle (geografisch)

Josua 15,7; 18,16

Judas Grenzen

2 Samuel 17,17

Der Putschversuch der Davidssöhne an der Rogel-Quelle

1 Könige 1,9

Adonija bereitet das Fest seiner Königssalbung an der Rogel-Quelle vor.

Rufus' Mutter

Römer 16,13

Paulus grüßt Rufus' Mutter, die auch ihm zur Mutter geworden ist.

Rut → siehe Noomi; Orpa

Rut 1,1-5

Die Moabiterin Rut heiratet Noomis Sohn Kiljon, der aber bald stirbt.

Rut 1,6-22

Rut kehrt mit ihrer Schwiegermutter nach Betlehem zurück. Ihre Schwägerin Orpa bleibt in Moab.

Rut 2,1-23

Rut lernt Boas bei der Gerstenernte auf dem Feld kennen. Ihre Schwiegermutter klärt sie über die verwandtschaftlichen Beziehungen zu Boas und über seine Verpflichtungen auf.

Rut 3,1- 4,18

Rut geht heimlich zu Boas auf die Tenne. Sie erzählt Noomi von ihren Erlebnissen auf dem Erntefest.

Rut 4,11-12

Boas verhandelt mit dem Verwandten im Tor und gewinnt Rut zur Frau.

Rut 4,3-17

Rut wird schwanger und bekommt einen Sohn. Noomi ist glücklich über die Geburt ihres Enkelkindes Obed.

Matthäus 1,5

Im Stammbaum Jesu wird Rut namentlich erwähnt.

S

Saba/Königin von Saba (Auswahl)

Saba liegt im Jemen in Süd-Arabien. In der Legende heißt die Königin Bilkis und kommt aus Äthiopien.

1 Könige 10,1-13; 2 Chronik 9,1-12

Die Königin von Saba besucht König Salomo, um ihn mit Rätselfragen auf die Probe zu stellen. Sie beschenken sich gegenseitig reichlich.

Jesaja 60,6

Alle kommen von Saba, bringen Weihrauch und Gold.

Matthäus 12,42; Lukas 11,31

Jesus erinnert an den Besuch der Königin von Saba bei König Salomo.

Salbung

Exodus 40,15

Salbung zum immerwährenden Priestertum von Generation zu Generation

Matthäus 26,6-13; Markus 14,3-9

Eine Frau salbt Jesus in Betanien im Haus Simons des Aussätzigen den Kopf.

Markus 16,1

Die Frauen kaufen wohlriechende Salben und gehen zum Grab.

Lukas 7,36-50

Eine Sünderin salbt Jesus im Haus des Pharisäers Simon die Füße.

Lukas 23,56-24,3

Die Frauen bereiten wohlriechende Öle und Salben und gehen zum Grab.

Johannes 11,2; 12,1-8

Maria (III) (Martas Schwester) salbt Jesus in Betanien die Füße.

Salome I → siehe Tochter der Herodias

Salome II → siehe Frau des Zebedäus

Markus 15,40-41

Salome hält sich mit anderen Frauen in der Nähe des Kreuzes auf.

Markus 16,1

Salome geht mit anderen Frauen am Ostermorgen zum Grab, um Jesus zu salben.

Salomo und Frauen

Trotz seiner vielen Ehefrauen hat Salomo nur einen einzigen Sohn, Rehabeam, und zwei Töchter, Basemat (II) und Tafat. → siehe Batseba; Tochter des Pharao; Naama II

1 Könige 10,1-13; 2 Chronik 9,1-12

Der Besuch der Königin von Saba in Jerusalem

1 Könige 3,16-28

Das salomonische Urteil über zwei Mütter und ein Kind

1 Könige 11,1-8

Salomo hatte siebenhundert Frauen und dreihundert Nebenfrauen.

Das Hohelied 6,8

Sechzig Königinnen hat Salomo, achtzig Nebenfrauen und Mädchen ohne Zahl.

Weisheit 7,1-6.15; 8,2

Salomos innige Verbindung mit der Weisheit

Nehemia 13,26

Salomo hat sich wegen seiner ausländischen Frauen versündigt.

Salomos Urteil

1 Könige 3,16-28

Das salomonische Urteil. Zwei Mütter kämpfen um ein Kind.

Salzsäule

Genesis 19,26

Lots Frau sah sich um und wurde zur Salzsäule.

Weisheit 10,7

Die Salzsäule als Wahrzeichen einer ungläubigen Seele.

Samariterin

Johannes 4,1-26

Das Gespräch am Jakobsbrunnen. Eine Samariterin unterhält sich mit Jesus über Glaubensfragen. Der Jakobsbrunnen befindet sich in der Nähe von Sichem (heute Nablus).

Sängerin

2 Samuel 19,36

Höre ich denn noch die Stimmen der Sänger und Sängerinnen?

2 Chronik 35,25

Die Sänger und Sängerinnen sangen in ihren Klageliedern von Joschija.

Esra 2,65; Nehemia 7,67

Zweihundert Sänger und Sängerinnen

Kohelet 2,8

Ich besorgte mir Sänger und Sängerinnen und die Lust jedes Menschen: einen großen Harem.

Amos 8,3

An jenem Tag werden die Sängerinnen des Palastes Klagelieder singen.

Saphira »Saphir«

Apostelgeschichte 5,1-11

Hananias und Saphira gehören zur urchristlichen Gemeinde in Jerusalem. Sie verkaufen ein Grundstück und behalten einen Teil des Geldes für eigene Zwecke, anstatt den gesamten Erlös in die Gemeinschaftskasse zu geben. Petrus rügt ihr Verhalten scharf. Hananias und Saphira sterben beide.

Sara I »Herrin« → siehe Hagar; Ketura

Genesis 11,29-31

Sarai ist die Frau Abrahams. Einige Mitglieder der Großfamilie, darunter Sarai und Abraham, verlassen die Heimat Ur in Chaldäa, um nach Kanaan zu ziehen. In Haran machen sie Halt und bleiben dort.

Genesis 12,4-9

Sarai, Abraham und Lot mit Familie wandern weiter in Richtung Kanaan.

Genesis 12,10-20; 20,1-18

Zweimal gibt Abraham Sarai als seine Schwester aus. Dadurch gerät sie in den Harem des Pharao und in den Harem des Königs von Gerar.

Genesis 16,1-16

Weil Sarai keine Kinder bekommt, gibt sie ihre Magd Hagar Abraham zur Frau. Als Hagar schwanger wird, ist Sarai eifersüchtig und jagt sie davon. Hagar kehrt aber zurück und bringt Ismael zur Welt.

Genesis 17,15

Aus Sarai wird Sara, Herrin.

Genesis 17,16-21

Abraham wird Isaaks Geburt angekündigt.

Genesis 18,6-15

Sara lacht, als ihr die Geburt ihres Kindes angekündigt wird, weil sie bereits über das gebärfähige Alter hinaus ist.

Genesis 21,1-8

Saras Sohn Isaak wird geboren.

Genesis 21,8-12

Sara verlangt Hagars Entlassung.

Genesis 11,29-23,20; 24,36

In diesen Kapiteln ist Saras Lebensgeschichte enthalten.

Genesis 23,1-19; 25,10; 49,30-31

Saras Lebensende und Tod. Sie wird als erstes Familienmitglied in der Höhle Machpela bei Hebron in Kanaan begraben.

Genesis 24,67

Isaaks Trauer um seine Mutter. Er führt Rebekka in Saras Zelt.

Jesaja 51,2
Blickt auf Sara, die euch gebar. Sara, Urmutter der Israeliten.

Römer 4,19
Sara wird erst in hohem Alter Mutter.

Römer 9,9
Die Verheißung an Sara ging in Erfüllung.

Galater 4,26
Paulus nimmt Sara und Hagar als Symbole für Freiheit und Unfreiheit.

Hebräer 11,11
Aufgrund des Glaubens wurde Sara im hohen Alter noch Mutter.

Hebräer 13,2
Hinweis auf Abrahams und Saras Gastfreundschaft

1 Petrus 3,6
Sara gehorchte Abraham und nannte ihn ihren Herrn.

Sara II → siehe Edna; Hanna II

Tobit 3,7-17
Sara ist die Tochter von Edna und Raguël. Sie wohnt in Ekbatana in Medien. Sie war mit sieben Männern verheiratet, die alle in der Hochzeitsnacht starben. Ihre Mägde verhöhnen sie. Sara ist verzweifelt.

Tobit 4,1-7,17
Tobias, Sohn von Hanna (II) und Tobit, macht sich auf die Reise von Ninive nach Ekbatana. Er kehrt in Saras Elternhaus ein. Tobias und Sara heiraten.

Tobit 8,1-9,6
Durch die Mithilfe des Engels überlebt Tobias die Hochzeitsnacht.

Tobit 10,1-11,19
Tobias Eltern, Hanna (II) und Tobit, sind in großer Sorge um ihren Sohn. Aber er kehrt unbeschadet mit seiner jungen Frau Sara zu ihnen zurück.

Tobit 14,12-15
Nach dem Tod der Eltern verlassen Sara und Tobias Ninive. Sie kehren nach Ekbatana in Saras Elternhaus zurück.

Sarepta/Die Witwe von Sarepta

1 Könige 17,8-16

Der Prophet Elija sorgt dafür, dass die Witwe von Sarepta stets genug Öl und Mehl im Haus hat.

1 Könige 17,17-24

Elija erweckt ihren Sohn wieder zum Leben. Die guten Taten des Propheten bekehren die Witwe zum Jahwe-Glauben.

Lukas 4, 25-26

Jesus erinnert an die Witwe in Sarepta im Zusammenhang mit der Feststellung, dass Propheten in ihrer Heimat nicht anerkannt werden.

Hebräer 11,35

Bezugnahme auf das Auferweckungswunder

Sauerteig

Matthäus 13,33; Lukas 13,20-21

Das Gleichnis vom Sauerteig und dem Himmelreich

Saul und Frauen → siehe Ahinoam I; Rizpa; Merab; Michal; Hexe von En Dor

1 Samuel 9,11-13

Die Mädchen zeigen Saul den Weg zum Propheten.

1 Samuel 18,6-7

Die Frauen ziehen Saul singend und tanzend mit Handpauken, Freudenrufen und Zimbeln entgegen.

1 Samuel 20,30-34

Saul verunglimpft die Mutter seines Sohnes Jonatan.

2 Samuel 1,24

Davids Totenklage: Ihr Töchter Israels, weint um Saul.

Scheera

1 Chronik 7,23-24

Scheera ist eine Enkeltochter Efraims. Sie erbaute das untere und das obere Bet-Horon sowie Usen-Scheera.

Scheidung (Auswahl)
Deuteronomium 24,1-4
Die Wiederverheiratung mit der eigenen Frau nach einer geschiedenen Ehe ist nicht erlaubt.
Jesaja 50,1
Israel als die Gemahlin Jahwes wird fortgeschickt.
Jeremia 3,1-13
Israel und Juda, die treulosen Schwestern, erhalten von Jahwe den Scheidebrief.
Maleachi 2,16
Wer seine Frau aus Abneigung verstößt …
Matthäus 5,31-32; 19,3-12; Markus 10,2-12; Lukas, 16,18
Jesus über Ehescheidung
1 Korinther 7,8-16
Paulus über Ehescheidung

Schelomit I »Unversehrt«
Levitikus 24,10-16.23
Schelomit ist die Tochter des Dibri vom Stamm Dan. Sie ist die Frau eines Ägypters. Ihr Sohn wird wegen gotteslästerlicher Äußerungen zu Tode gesteinigt.

Schelomit II »Unversehrt«
1 Chronik 3,19
Schelomit ist die Tochter von Serubbabel, einem Enkel von König Jojachin.

Schifra »Schönheit« → siehe Pua
Exodus 1,15-21
Schifra und Pua sind Hebammen, die dem Pharao den Gehorsam verweigern und dadurch in Ägypten Kindermorde verhindern.

Schimat »Jahwe hat gehört« → siehe Schomer
2 Chronik 24,26; 2 Könige 12,22
Schimat ist eine Ammoniterin. Ihr Sohn Sabad und Josabad, Sohn der Moabiterin Schomer, ermorden König Joasch.

Schlange (Kult/Symbol) (Auswahl) → siehe auch Drache; Leviatan; Rahab II; Kupferschlange

Genesis 3,1-5.13-15
Die Schlange spricht mit Eva und wird verflucht.
Exodus 4,3; 7,9-15
Mose und der Schlangenstab
Numeri 21,8-9
Die kupferne Schlange (sie wird auch Nehuschtan, »Kupferne«, genannt.)
1 Könige 1,9
Adonija schlachtet Schafe zum Opfermahl beim Schlangenstein (Sohelet) an der Rogel-Quelle.
2 Könige 18,4
König Hiskija vernichtet die kupferne Schlange (Nehuschtan) aus der Mose-Zeit, weil er sie für ein heidnisches Fruchtbarkeitssymbol hält.
2 Könige 21,6; 2 Chronik 33,6
Manasse betreibt Zeichendeuterei und Schlangenbeschwörung.
Psalm 74,14
Du hast die Köpfe des Leviatan zermalmt, ihn zum Fraß gegeben den Ungeheuern der See.
Sprichwörter 30,18-19
Drei Dinge sind mir unbegreiflich: Der Weg der Schlange über die Felsen, … der Weg des Mannes bei der jungen Frau …
Jesaja 11,8
… das Kind steckt seine Hand in die Höhle der Schlange.
Jesaja 27,1; 30,6; Ijob 26,13
Leviatan, die flüchtige Schlange; die gewundene, die fliegende Schlange
Johannes 3,14
Die kupferne Schlange des Mose ist ein Urbild für Christus, den Gekreuzigten.
2 Korinther 11,3
Die Schlange hat Eva mit ihrer List verführt.
Offenbarung 12,9
Der große Drache wird gestürzt.
Offenbarung 12,13-18
Der Kampf des Drachen mit der Frau
Offenbarung 20,1-3
Ein Engel wirft den Drachen, die alte Schlange, in den Abgrund, dort muss sie tausend Jahre bleiben.

Schleier (Auswahl)
Genesis 24,65
Rebekka nimmt ihren Schleier und verhüllt sich.
Genesis 38,14
Tamar (I) bedeckt sich mit dem Schleier.
Genesis 38,19
Tamar (I) legt den Schleier wieder ab.
2 Könige 23,7
Frauen weben Schleier für die Aschera.
Das Hohelied 4,1.3; 6,7
… hinter deinem Schleier …
Jesaja 3,16-24
Der Prophet rügt die Frauen von Jerusalem wegen ihrer Verführungskunst, ihres Schmuckes, ihrer Kleidung, … ihrer Schleier.
Jesaja 40,22
Wie einen Schleier spannt er den Himmel aus.
Jesaja 47,1-5
Der Prophet rügt die Tochter, die Jungfrau Babel. … Weg mit dem Schleier!

Schminke
2 Könige 9,30
Isebels (I) Ende. Sie legt Schminke auf ihre Augen.
Jeremia 4,30
… mit Schminke die Augen weiten
Ezechiel 23,40
Ohola und Oholiba haben ihre Augen geschminkt.

Schmuck (Auswahl) → siehe Ohrring; Fußkettchen
Genesis 24,47.53
Der Bote Abrahams beschenkt Rebekka mit silbernem und goldenem Schmuck.
Exodus 33,6
Da trugen die Israeliten keinen Schmuck mehr, vom Berg Horeb an.
2 Samuel 1,24
Ihr Töchter Israels, um Saul müsst ihr weinen, … er hat goldenen Schmuck auf eure Gewänder geheftet.
Judit 10,4; 12,15
Judit (II) legt ihren kostbaren Schmuck an.

1 Makkabäer 2,9-11

Ihren ganzen Schmuck nahm man ihr (Jerusalem) weg, die Freie wurde zur Sklavin.

Psalm 45,10

Die Braut im Schmuck von Ofirgold

Jesus Sirach 21,21

Wie ein goldener Schmuck ist dem Weisen die Zucht und wie eine Spange am rechten Arm.

Jesus Sirach 26,16

Wie die Sonne aufstrahlt ... so ist die Schönheit einer guten Frau als Schmuck ihres Hauses.

Jesaja 3,16-24

Der Herr wird den hochmütigen Frauen von Jerusalem ihren Schmuck wegnehmen.

Jeremia 2,32

Vergisst denn ein Mädchen seinen Schmuck, eine Braut ihre Bänder?

Baruch 5,1

Leg ab, Jerusalem, das Kleid deiner Trauer und bekleide dich mit dem Schmuck der Herrlichkeit, die Gott dir für immer verleiht.

Baruch 6,8-9

Wie für ein Mädchen, das Schmuck liebt ... (geschmückte Götterstatuen)

Ezechiel 7,20

Kostbarer Schmuck für heidnische Kultbilder

Ezechiel 16,11-17

Ich legte dir prächtigen Schmuck an, Spangen an die Arme, eine Kette um den Hals.

Ezechiel 23,26

Sie ziehen dir die Kleider aus und nehmen dir den Schmuck weg.

Hosea 2,15

... sie hat ihre Ringe und ihren Schmuck angelegt.

1 Timotheus 2,9; 1 Petrus 3,3-4

Nicht Haartracht, Gold, Perlen oder kostbare Kleider sei der Schmuck der Frauen.

Schönheit/Frauenschönheit (Auswahl)

2 Samuel 14,27

Tamar (III) wurde eine Frau von großer Schönheit.

1 Könige 1,3

Man suchte im ganzen Land nach einem schönen Mädchen, fand Abischag aus Schunem und brachte sie zum König.

Judit 10,7

Sie kamen aus dem Staunen über Judits (II) Schönheit nicht hinaus.

Judit 10,14

Judits (II) Gesicht bezauberte die Männer.

Judit 10,19-23

Holofernes und seine Männer bewundern die Schönheit Judits (II).

Judit 16,6.9

Judit (II) bannte seine Macht mit dem Reiz ihrer Schönheit.

Ester 1,11

… Königin Waschti war wunderschön.

Ester 2,3

Schöne junge Mädchen werden als Ersatz für Königin Waschti gesucht.

Ester 5,1

Esters strahlende Schönheit

1 Makkabäer 1,26

… und die Schönheit der Frauen verfiel.

Psalm 45,12

Der König verlangt nach deiner Schönheit.

Sprichwörter 6,25

Begehre nicht … ihre Schönheit, lass dich nicht fangen durch ihre Wimpern!

Sprichwörter 31,30

… vergänglich ist Schönheit …

Weisheit 8,2

Ich fand Gefallen an ihrer (der Weisheit) Schönheit.

Jesus Sirach 9,8

Blick nicht auf eine Schönheit, die dir nicht gehört.

Jesus Sirach 25,21

Fall nicht herein auf die Schönheit einer Frau.

Jesus Sirach 26,16-17

Wie die Sonne aufstrahlt … so die Schönheit einer guten Frau als Schmuck ihres Hauses.

Jesus Sirach 36,27

Eine schöne Frau macht das Gesicht strahlend.

Jesus Sirach 40,22
Anmut und Schönheit entzücken das Auge.
Jesus Sirach 42,12
Keinem Mann zeige sie ihre Schönheit.
Jesaja 3,24
Dann habt ihr Schande statt Schönheit.
Ezechiel 16,14-15
Der Ruf deiner Schönheit (Jerusalem) drang zu allen Völkern.
Ezechiel 16,25
Du hast deine Schönheit schändlich missbraucht.
Ezechiel 28,17
Hochmütig warst du geworden, weil du so schön warst.
Daniel 13,32
Sie befahlen Susanna (I), sich zu entschleiern, um sich an ihrer Schönheit zu weiden.
1 Petrus 1,24
Die Schönheit alles Sterblichen ist wie eine Blume im Gras.

Schomer »Jahwe hat bewacht« → siehe Schimat
2 Könige 12,22; 2 Chronik 24,26
Schomer, die Moabiterin, ist die Mutter des Josabad. Gemeinsam mit Sabad, Sohn der Ammoniterin Schimat, erschlägt er König Joasch.

Schoß (Auswahl) → siehe auch Mutterschoß
Genesis 25,23
Zwei Stämme trennen sich schon in deinem Schoß (Rebekka).
1 Samuel 1,5
Obwohl der Herr Hannas (I) Schoß verschlossen hatte …
Tobit 4,4
… als dich deine Mutter in ihrem Schoß trug.
Judit 9,2
… und ihren Schoß entweihten zu ihrer Schande.
Ijob 1,21
Nackt kam ich hervor aus dem Schoß meiner Mutter; nackt kehre ich dahin zurück.

Ijob 15,35

Nur Trug ist, was ihr Schoß hervorbringt.

Ijob 38,29

Aus wessen Schoß ging das Eis hervor, des Himmels Reif, wer hat ihn geboren?

Psalm 22,10

Du bist es, der mich aus dem Schoß meiner Mutter zog.

Das Hohelied 7,3

Dein Schoß ist ein rundes Becken.

Jesus Sirach 40,1

Am Tag, an dem sie aus dem Schoß ihrer Mutter hervorgehen

Jesus Sirach 51,3-5

Aus vielen Nöten hast du mich erlöst … aus dem Schoß der Flut …

Jesaja 66,9

Gott öffnet und schließt den Schoß der Frauen.

Hosea 9,16

Auch wenn sie gebären, töte ich die geliebte Frucht ihres Schoßes.

Schua »Vornehm«; »Edelmütig«

1 Chronik 7,32

Schua ist die Tochter des Heber aus dem Stamm Ascher. Sie hat drei Brüder.

Schuas Tochter

Genesis 38,2-4

Juda lernt bei seinem Freund Hira in Adullam seine Frau, die Tochter des Schua, kennen. Sie ist die Mutter von drei Söhnen und die Schwiegermutter von Tamar (I). Sie wird auch Batschua, »Tochter des Schua«, genannt.

Schulammit »Friedfertig« (weibliche Form von Salomo)

Das Hohelied 7,1

Was wollt ihr an Schulammit sehen? Den Lager-Tanz!

Schulammit ist der Name der Braut im Hohenlied.

Schunemitin → siehe Abischag

Schunem liegt einige Kilometer nordöstlich von Jesreel.

2 Könige 4,8-37

Der Prophet Elischa kehrt in das Haus der Frau aus Schunem ein. Er erweckt ihren toten Sohn zum Leben.

2 Könige 8,1-6

Die Frau aus Schunem verschafft sich Recht beim König.

Hebräer 11,35

Erinnerung an die Auferweckung des Sohnes der Schunemitin

Schwanger (Auswahl)

Genesis 3,16

Viel Mühsal bereite ich der Frau, wenn sie schwanger wird.

Genesis 4,1

Eva wird schwanger.

Genesis 4,17

Kains Frau wird schwanger.

Genesis 16,4-5.11

Hagar wird schwanger.

Genesis 19,36

Beide Töchter Lots werden von ihrem Vater schwanger.

Genesis 21,2

Sara (I) wird schwanger.

Genesis 25,21

Rebekka wird schwanger.

Genesis 29,32-35; 30,17.19

Lea wird schwanger.

Genesis 30,5.7

Bilha wird schwanger.

Genesis 30,23

Rahel wird schwanger.

Genesis 38,3

Judas Frau wird schwanger.

Genesis 38,18.24

Tamar (I) wird schwanger.

Exodus 2,2

Jochebed wird schwanger.

Exodus 21,22-25

Gesetz über Verletzung einer Schwangeren

Richter 13,3.5.7

Manoachs Frau wird schwanger (Simsons Mutter).

Rut 4,13

Rut wird schwanger.

1 Samuel 1,20

Hanna (I) wird schwanger.

1 Samuel 4,19

Die Frau des Pinhas war schwanger und starb bei der plötzlichen Geburt wegen des Verlustes der Bundeslade.

2 Samuel 11,5

Batseba wird schwanger.

2 Könige 4,17

Die Frau aus Schunem wird schwanger.

2 Könige 15,16; Hosea 14,1; Amos 1,13

Schwangere werden aufgeschlitzt.

1 Chronik 7,23

Efraims Frau wird schwanger.

Ijob 15,35; Psalm 7,15; Jesaja 59,4

Der Frevler geht mit Unheil schwanger.

Kohelet 11,5

Du kannst das Werden des Kindes im Leib der Schwangeren nicht erkennen.

Jesus Sirach 42,9-10

Sorgen des Vaters um die Tochter …, dass sie nicht schwanger wird.

Jesaja 7,14

Seht, die Jungfrau wird schwanger.

Jesaja 8,3

Die Prophetin (Jesajas Frau) wird schwanger.

Jesaja 26,18

Wir waren schwanger und lagen in Wehen …, aber es war Wind.

Jesaja 33,11

Ihr seid schwanger mit Heu und bringt Stroh zur Welt.

Jeremia 20,17

So wäre meine Mutter mir zum Grab geworden, ihr Schoß auf ewig schwanger geblieben.

Jeremia 31,8

Ich bringe sie heim aus dem Nordland…, Schwangere und Wöchnerinnen.

Hosea 1,3.6.8

Gomer (I) wird schwanger.

Hosea 9,11

Efraims Macht fliegt … davon: keine Geburt mehr, keine Schwangerschaft, keine Empfängnis.

Matthäus 24,19; Markus 13,17; Lukas 21,23

Weh aber den Frauen, die in jenen Tagen schwanger werden.

Jakobus 1,15

Wenn die Begierde schwanger ist, bringt sie die Sünde zur Welt.

Offenbarung 12,2

Die Frau war schwanger und schrie in ihren Geburtswehen.

Schwester (Auswahl)

Genesis 4,22

Naama (I) ist die Schwester von Tubal-Kain.

Genesis 12,10-20; 20,1-18

Abraham gibt Sara für seine Schwester aus.

Genesis 24,30.59-60; 25,20

Rebekka, Labans Schwester

Genesis 26,7-11

Isaak gibt Rebekka als seine Schwester aus.

Genesis 28,9

Mahalat (I), Nebajots Schwester, wird Esaus Frau.

Genesis 29,13

Jakob, der Sohn von Labans Schwester Rebekka

Genesis 30,1-24

Rahels und Leas Schwesternstreit

Genesis 34,13-31

Leas Söhne rächen die Vergewaltigung ihrer Schwester Dina.

Genesis 36,3

Basemat (I), die Schwester Nebajots, wird Esaus Frau.

Genesis 36,22; 1 Chronik 1,39

Timna (I) ist Lotans Schwester.

Genesis 46,17

Die Söhne von Ascher … und ihre Schwester Serach

Exodus 2,4-7; 15,20; Numeri 26,59

Mirjam (I), die Schwester von Mose und Aaron

Exodus 6,23

Aaron heiratet Elischeba, Nachschons Schwester.

Levitikus 18,9-18; 20,17.19; Numeri 6,7; Deuteronomium 27,22

Gesetze gegen Unzucht mit Verwandten

Levitikus 21,1-4; Ezechiel 44,25

Gesetze bei Beerdigungen von nahen Verwandten

Numeri 25,18

Kosbi wird Schwester genannt.

Josua 2,13

Rahab (I) bittet für ihre Schwestern und andere Familienangehörige.

Richter 15,2

Simson wird die jüngere Schwester seiner ehemaligen Frau zur Ehefrau angeboten.

2 Samuel 13,1-22.32; 1 Chronik 3,9

Amnon vergewaltigt Abschaloms Schwester Tamar (II).

2 Samuel 17,25

Abigajil, die Schwester der Zeruja

1 Könige 11,19-20

Der Edomiter Hadad heiratet die Schwester der Pharaonin Tachpenes.

2 Könige 11,2; 2 Chronik 22,11

Joscheba, Ahasjas Schwester, verbirgt Joasch in der Bettenkammer.

1 Chronik 2,16

Davids Schwestern sind Zeruja und Abigajil.

1 Chronik 3,9

Tamar (II), die Schwester der Davidssöhne

1 Chronik 3,19

Schelomit (II) ist die Schwester der Serubbabel-Söhne.

1 Chronik 4,3

Hazlelponi ist die Schwester der Etam-Söhne.

1 Chronik 4,19
Judäische Frau, die Schwester von Naham.
1 Chronik 7,15
Maacha (V) ist die Schwester von Machir.
1 Chronik 7,18
Gileads Schwester ist Molechet.
1 Chronik 7,30
Serach ist die Schwester der Ascher-Söhne.
1 Chronik 7,32
Schua ist die Schwester der Heber-Söhne.
Ijob 1,4
Ijobs Söhne laden auch ihre drei Schwestern zum Gastmahl ein.
Ijob 17,14
Meine Schwester, sage ich zum Gewürm.
Ijob 42,11
Alle seine Brüder und Schwestern kamen zu ihm.
Sprichwörter 7,4
Sage zur Weisheit: Du bist meine Schwester.
Das Hohelied 4,9-12; 5,1-2; 8,8
Meine Schwester und Braut
Jeremia 3,7-10
Israel und Juda, die treulosen Schwestern
Jeremia 22,18
Für Jojakim, König von Juda, wird keine Totenklage gehalten. Niemand sagt: »Ach mein Bruder! Ach, Schwester!«
Ezechiel 16,44-63
Samaria und Sodom, die treulosen Schwestern
Ezechiel 22,11
Blutschande an der Schwester
Ezechiel 23,1-49
Israel und Juda, die schamlosen Schwestern
Ezechiel 44,25
Priester dürfen sich nur beim Tod von Vater und Mutter, Sohn und Tochter, Bruder und unverheirateter Schwestern unrein machen.
Hosea 2,3
Nennt eure Schwester Ruhama (Erbarmen).
Matthäus 12,50; Markus 3,35
… der ist für mich Bruder und Schwester und Mutter.

Matthäus 13,56; Markus 6,3

Leben nicht alle seine (Jesu) Schwestern unter uns?

Matthäus 19,29; Markus 10,29-30; Lukas 14,26

Um meines Namens willen Häuser oder Brüder, Schwestern … verlassen

Lukas 10,39-40; Johannes 11,1-5.28.39

Die Schwestern Maria (III) und Marta

Johannes 19,25

Die Schwestern (Mutter Jesu und Frau des Klopas) unter dem Kreuz

Apostelgeschichte 23,16

Paulus' Neffe, der Sohn seiner Schwester, warnt ihn vor einem Anschlag.

Römer 16,1

Paulus grüßt die Schwester Phöbe.

Römer 16,15

Paulus grüßt Nereus und seine Schwester.

1 Korinther 7,15

Bruder und Schwester im Glauben

1 Timotheus 5,2

Mit jüngeren Frauen rede wie mit Schwestern.

Philemon 1-2

Paulus schreibt an die Schwester Aphia.

Jakobus 2,15-16

Gute Taten für Bruder oder Schwester (im Glauben), die in Not sind, nicht nur gute Worte

2 Johannes 13

Es grüßen dich die Kinder deiner auserwählten Schwester.

Schwesternpaare (Auswahl) → siehe Lea und Rahel; → Zelofhads Töchter; → Lots Töchter; → Merab und Michal; → Maria (III) und Marta; → Maria (I) (Mutter Jesu) und Maria (V) (die Frau des Klopas)

Schwiegermutter (Auswahl)

Deuteronomium 27,23

Verflucht, wer sich mit seiner Schwiegermutter hinlegt.

Rut 1,14; 2,11.18-19.23; 3,1.6.16-17

Rut und ihre Schwiegermutter Noomi

Micha 7,5-6
Schwiegertochter gegen Schwiegermutter
Matthäus 8,14-15; Markus 1,29-31; Lukas 4,38-39
Jesus heilt die Schwiegermutter des Petrus in Kafarnaum.
Matthäus 10,35; Lukas 12,53
Ich bin gekommen ..., die Schwiegertochter mit der Schwiegermutter zu entzweien ...

Schwiegertochter (Auswahl)
Genesis 6,18; 7,7; 8,16.18
Noach mit seiner Familie und den Schwiegertöchtern in der Arche
Genesis 11,31
Sarai, die Schwiegertochter Terachs
Genesis 38,11.16.24; 1 Chronik 2,4
Tamar (I), Judas Schwiegertochter
Levitikus 18,15; 20,12
Die Scham deiner Schwiegertochter darfst du nicht entblößen.
Rut 1,6.22; 2,20; 4,15
Noomi mit ihren Schwiegertöchtern Rut und Orpa
1 Samuel 4,19-22
Elis Schwiegertochter stirbt nach einer Sturzgeburt.
Tobit 11,16-17; 12,12.14
Tobit und seine Schwiegertochter Sara (II)
Ezechiel 22,11
... ein andrer macht seine Schwiegertochter unrein ...
Hosea 4,14
Ich strafe eure ... Schwiegertöchter nicht dafür, dass sie die Ehe brechen.
Matthäus 10,35; Lukas 12,53; Micha 7,6
Ich bin gekommen ..., die Schwiegertochter mit der Schwiegermutter zu entzweien ...

Sebuda »Er hat ein Geschenk gemacht«
2 Könige 23,36
Sebuda stammt aus Ruma. Sie ist die Tochter von Pedaja und Mutter des Königs Jojakim von Juda.

Segen (Auswahl)

Genesis 17,16

Sara (I) wird gesegnet.

Genesis 24,60

Rebekka wird gesegnet.

Genesis 49,25

Gott der Allmächtige wird dich segnen mit dem Segen des Himmels von droben, mit Segen tief lagernder Urflut, mit Segen von Brust und Schoß. (Jakobs Segen für Rahels Sohn Josef)

Matthäus 19,13-15; Markus 10,13-16; Lukas 18,15-17

Jesus segnet die Kinder.

Serach »Überfluss« (auch männlich)

Genesis 46,17; Numeri 26,46; 1 Chronik 7,30

Serach ist eine Tochter von Ascher, dem Sohn von Jakob und Silpa, Leas Magd.

Seresch »Strubbelkopf«

Ester 5,10.14; 6,13

Seresch ist die Frau von Haman, dem Großwesir am Hof von Artaxerxes. Haman bespricht seine Pläne mit ihr und seinen Freunden.

Sidon (geografisch) (Auswahl)

heute Saida

Richter 10,6

Die Israeliten dienen den Baalen und Astarten, … den Göttern Sidons.

1 Könige 11,5

Salomo verehrt Astarte, die Göttin der Sidonier …

1 Könige 16,31

Isebel (I) ist die Tochter von Etbaal, dem König der Sidonier.

2 Könige 23,13

Joschija zerstört die Höhenheiligtümer, die Salomo für Astarte, die Göttin der Sidonier, … erbaut hat.

Jesaja 23,12

Nie mehr sollst du fröhlich sein, Tochter Sidon, du vergewaltigte Jungfrau.

Silpa »Mit kleiner Nase« → siehe Bilha; Lea; Rahel

Genesis 29,24

Laban gibt Silpa seiner Tochter Lea zur Magd.

Genesis 30,9

Lea gibt Jakob ihre Magd Silpa zur Frau.

Genesis 30,10-13

Silpa und Jakob bekommen zwei Söhne. Lea nennt sie Gad, »Glück«, und Ascher »Glückskind«.

Genesis 35,26

Die Söhne Silpas sind Gad und Ascher, in Paddan-Aram geboren.

Genesis 37,2

Josef hütet die Schafe mit Bilhas und Silpas Söhnen.

Genesis 46,18

Silpa ist Stamm-Mutter von sechzehn Familien.

Genesis 49,19-20

Jakobs Segen für Silpas Söhne

Simsons Mutter/Frauen → siehe Delila

Richter 13,1-24

Simsons wunderbare Geburt

Richter 14,1-20

Simsons erste Frau. Sie verrät die Antwort seiner Rätselfrage. Er verstößt sie.

Richter 15,1-8

Simson fordert seine Frau zurück. Weil er sie nicht bekommt, läuft er Amok. Seine Frau stirbt.

Richter 16,4-22

Simson verliebt sich in Delila und heiratet sie. Sie kommt hinter sein Geheimnis und verrät ihn.

Sin (Göttin)

Sin ist Mondgöttin in Assyro-Babylonien. Ihre Tochter ist Ischtar. Sie wird in der Bibel nicht erwähnt, ist aber in vielen Namen enthalten. »Sinea« (»Schinar«) ist der alte Name von Babylonien (Sumer und Akkad). → Siehe Genesis 10,10. Die Wüste Sin (nicht zu verwechseln mit der Wüste Zin) liegt zwischen Elim und dem Sinai. Sinai ist Gebirge und Wüste auf der Halbinsel Sinai.

Sklavin

Exodus 20,10; 23,12; Deuteronomium 5,14

Der siebte Tag ist auch der Ruhetag für die Sklavin.

Exodus 20,17

Du sollst nicht nach … dem Sklaven oder der Sklavin deines Nächsten verlangen.

Exodus 21,2-11.20.26-27.32

Rechtsvorschriften für hebräische Sklavinnen und Sklaven

Levitikus 19,20-22

Wohnt ein Mann einer Frau bei, die einem anderen Mann als Sklavin zur Nebenfrau bestimmt ist …

Levitikus 25, 44-46

Rechtsvorschriften für Sklavinnen und Sklaven aus fremden Völkern

Deuteronomium 5,21

Du sollst nicht nach dem Haus … der Sklavin … deines Nächsten verlangen.

Deuteronomium 12,12; 16,11.14

Dort sollt ihr … fröhlich sein, ihr, eure Söhne und Töchter, eure Sklaven und Sklavinnen …

Deuteronomium 15,17

Ein Loch im Ohr der Sklavin als Besitzzeichen

Deuteronomium 21,14

Kriegsgefangene Sklavinnen als Ehefrauen. Sie dürfen nicht verkauft werden.

Deuteronomium 28,68

Ihr werdet euch deinen Feinden als Sklaven und Sklavinnen anbieten, aber niemand wird euch kaufen.

Richter 9,18

Abimelech, König von Sichem, ist Sohn einer Sklavin.

Nehemia 5,1-5

Aus Not werden Söhne und Töchter als Sklaven und Sklavinnen verkauft.

1 Makkabäer 2,11

Die Freie wird zur Sklavin.

Sprichwörter 30,21-23

… wenn eine Sklavin ihre Herrin verdrängt

Kohelet 2,7-8
Ich kaufte Sklaven und Sklavinnen, obwohl ich schon hausgeborene Sklaven besaß.
Jeremia 34,8-16
Übertretung des Gebotes, hebräische Sklavinnen und Sklaven im siebten Jahr freizulassen
Galater 4,21-31
Abraham hatte zwei Söhne, einen von der Sklavin und einen von der Freien … wir sind nicht Kinder der Sklavin, sondern Kinder der Freien.

Spinnen/weben
Exodus 35,24-25
Alle Frauen, die sich auf Handarbeit verstanden, spannen und brachten das Gesponnene.
2 Könige 23,7
Die Frauen weben Schleier für die Aschera.
Tobit 2,11-14
Hanna (II) verkauft selbstgefertigte Webarbeiten, was Tobit missbilligt.
Ijob 7,6
Schneller als das Weberschiffchen eilen meine Tage, der Faden geht aus …
Psalm 139,13
Du hast mich gewoben im Schoß meiner Mutter.
Sprichwörter 31,19
Sie greift nach dem Spinnrocken, ihre Finger fassen die Spindel.
Jesaja 19,9
Die Hechlerinnen und die Weber erblassen.
Jesaja 59,5-6
Sie weben Spinnengewebe … Die Fäden, die sie spinnen, taugen nicht zu Gewändern.
Matthäus 6,28; Lukas 12,27-30
Seht euch die Lilien an: sie arbeiten nicht und spinnen nicht …

Streitwasser (Auswahl)
Numeri 20,13
Das ist das Wasser von Meriba (Streitwasser), weil die Israeliten mit dem Herrn gestritten haben und er sich als der Heilige erwiesen hat.

Numeri 27,14

Das ist das Streitwasser von Kadesch in der Wüste Zin.

Deuteronomium 33,8-9

… mit dem du strittest am Wasser von Meriba; der von seinem Vater und seiner Mutter sagte: Ich habe beide nie gesehen …

Psalm 81,8

Du riefst in der Not, und ich riss dich heraus; ich habe dich aus dem Gewölk des Donners erhört, an den Wassern von Meriba geprüft.

Psalm 106,32.37-38

An den Wassern von Meriba reizten sie Gottes Zorn, ihretwegen erging es Mose übel. … Sie brachten ihre Söhne und Töchter dar als Opfer für die Dämonen. Sie vergossen … das Blut ihrer Söhne und Töchter.

Susanna I »Lilie«

Daniel 13,1-4

Susanna ist die Frau des Jojakim in Babylon. Sie ist sehr schön, sehr reich und gläubig.

Daniel 13, 5-15

Zwei Richter, Angestellte ihres Mannes, belauschen Susanna während der Mittagspause im Garten.

Daniel 13,16-18

Susanna schickt ihre Dienerinnen ins Haus, um Handtücher und Seife für ein Bad zu holen. Die beiden Männer belästigen und bedrohen Susanna. Sie schreit um Hilfe.

Daniel 13,19-43

Susanna wird wegen der Falschaussagen ihrer Peiniger des Ehebruchs bezichtigt und trotz ihrer Beteuerungen zum Tod verurteilt.

Daniel 13,44-59

Daniel ergreift mutig Partei für Susanna und rettet ihr das Leben.

Daniel 13,60-64

Die Richter werden hingerichtet und Susannas Eltern, ihr Ehemann und alle Verwandten preisen Gott dafür, dass Susannas Unschuld erwiesen ist.

Susanna II »Lilie«
Lukas 8,3
Susanna ist eine der Frauen, die Jesus nachfolgen.

Sychar (geografisch)
Johannes 4,1-42
In Sychar (bei Sichem) in Samarien befindet sich der Jakobsbrunnen. Dort begegnet Jesus einer Frau. Er unterhält sich mit ihr über religiöse Fragen und verrät ihr sein Messias-Geheimnis.

Syntyche »Zufall«; »Glück« → siehe Evodia
Philipper 4,2-3
Syntyche und Evodia sind Christinnen in Philippi. Paulus ermahnt sie, sich zu vertragen.

Synonyme (Auswahl)
Genesis 49,9
Ein junger Löwe ist Juda … wie eine Löwin.
2 Samuel 17,3
Das Volk als Braut
2 Samuel 17,8
David, wild wie eine Bärin, der man die Jungen geraubt hat.
2 Könige 14,9; 2 Chronik 25,18
Der Dornstrauch auf dem Libanon ließ der Zeder auf dem Libanon sagen: Gib deine Tochter meinem Sohn zur Frau!
2 Könige 19,21
Die Jungfrau Jerusalem schüttelt spöttisch den Kopf über dich.
Jesus Sirach 25,17
Die Schlechtigkeit einer Frau macht ihr Aussehen düster und verfinstert ihr Gesicht wie das einer Bärin.
Jeremia 3,6
Israel, die Abtrünnige
Ezechiel 19,2-5
Was war doch deine Mutter für eine Löwin unter den Löwen! (Klage über Israel)

Ezechiel 19,10-14

Deine Mutter war wie ein Weinstock im Garten, der am Wasser gepflanzt ist (Klage über Israel)

Ezechiel 36,13-14

(Israels Berge) Du bist eine Menschenfresserin und hast deinem eigenen Volk die Kinder weggenommen.

Sacharja 5,5-11

Die Frau im Fass (gemeint ist die Ruchlosigkeit)

Matthäus 23,37; Lukas 13,34

Wie oft wollte ich deine Kinder um mich sammeln, so wie eine Henne ihre Küken unter ihre Flügel nimmt; aber ihr habt nicht gewollt.

Syrophönyzierin

Matthäus 15,21-28; Markus 7,24-30

Jesus heilt die Tochter einer heidnischen Frau aus Syrophönizien, obwohl er die verzweifelte Mutter zunächst abgewiesen hatte. »Es ist nicht recht, den Kindern das Brot wegzunehmen und es den Hunden vorzuwerfen.« Jesus lernt von ihr, dass er auch für Nichtjuden verantwortlich ist.

T

Tabita »Gazelle«

Apostelgeschichte 9,36-41

Tabita ist Christin. Sie ist eine begabte Näherin und tut viele gute Werke in Joppe. Als sie stirbt, erweckt Petrus sie wieder zum Leben.

Tachpenes »Die den König schützt«; »Die den Palast schützt«

Tachpenes ist kein Eigenname, sondern der Titel der ägyptischen Herrin. Entspricht dem Titel »Hohe Frau«, »Herrin«.

1 Könige 11,17-22

Die Schwester der Tachpenes wird mit dem Edomiterfürsten Hadad verheiratet. Ihr Sohn wird im Palast gemeinsam mit den Pharaonenkindern aufgezogen.

Tafat

1 Könige 4,11

Tafat ist eine Tochter von König Salomo. Sie ist verheiratet mit dem Statthalter Ben-Abinadab.

Tamar I »Palme«

Genesis 38,1-30

Die Kanaaniterin Tamar ist die Schwiegertochter von Juda und Batschua. Sie ist mit deren Söhnen Er und später mit Onan verheiratet. Als beide gestorben sind, müsste deren jüngerer Bruder Schela sie heiraten. Weil Juda diese Ehe zu verhindern weiß, verführt Tamar ihren Schwiegervater und bekommt von ihm Zwillinge: Perez und Serach.

Rut 4,12

Dein Haus gleiche dem Haus des Perez, den Tamar geboren hat.

1 Chronik 2,4

Judas Schwiegertochter Tamar gebar Perez und Scherach.

Matthäus 1,3

Tamar als Ahnfrau im Stammbaum Jesu.

Tamar II »Palme« → siehe Maacha II

2 Samuel 13,1-22

Prinzessin Tamar ist die Tochter von Maacha (II) und David. Sie ist Abschaloms Schwester. Amnon, Tamars Halbbruder, verliebt sich in sie. Er lockt sie in sein Schlafzimmer und vergewaltigt sie. Danach lebt die entehrte Tamar im Haus ihres Bruders Abschalom.

2 Samuel 13,23-37

Abschalom rächt Tamar. Er tötet Amnon und flieht nach Geschur in das Elternhaus seiner und Tamars Mutter Maacha (II). Dort bleibt er drei Jahre, bis sich Davids Zorn über den Brudermord gelegt hat.

1 Chronik 3,9

… Das sind die Söhne Davids, ohne die Söhne der Nebenfrauen. Ihre Schwester war Tamar.

Tamar III »Palme«

2 Samuel 14,27

Drei Söhne wurden Abschalom geboren und eine Tochter namens Tamar; sie wurde eine Frau von großer Schönheit.

Tamar IV (geografisch)

Genesis 14,7

Sie verwüsteten das ganze Gebiet … der Amoriter, die in Hazezon-Tamar wohnten.

1 Könige 9,18

Salomo baut Tamar wieder auf in der Wüste im Lande Juda.

2 Chronik 20,2

Tamar ist En-Gedi am Toten Meer.

Ezechiel 47,10.18-19; 48,28

Die Landesgrenzen der zwölf Stämme Israels … von Tamar bis zu den Quellen von Meribat-Kadesch …

Tammus (Gott)

Tammus, der Liebling der Frauen, ist ein assyro-babylonischer Vegetationsgott, in Syrien als Adonis verehrt. Sein Abstieg zur Unterwelt in der Zeit der Sommerdürre gilt als beklagenswertes Ereignis. Sein Begräbnis wird im vierten Monat (Juni/Juli) begangen.

Jesaja 17,10-11

Mit den »lieblichen Gärten« sind Adonis-Gärten gemeint, in die die Frauen Frühlingsblumen pflanzten.

Ezechiel 8,14

Am Nordtor des Tempels sitzen Frauen, die Tammus beweinen.

Daniel 11,37

Er missachtet die Götter seiner Väter, auch den Liebling der Frauen achtet er nicht.

Tanzen (Auswahl) → siehe Reigentanz

Richter 11,34

Jiftachs Tochter kommt ihrem Vater entgegen, sie tanzt zur Pauke.

Richter 21,21

Wenn ihr dann seht, wie die Töchter Schilos herauskommen, um im Reigen zu tanzen, dann kommt aus den Weinbergen hervor und jeder von euch soll sich von den Töchtern Schilos eine Frau rauben.

2 Samuel 6,5; 1 Chronik 13,8

David und das ganze Haus Israel tanzten und sangen vor dem Herrn mit ganzer Hingabe und spielten auf Zithern, Harfen und Pauken, mit Rasseln und Zimbeln.

2 Samuel 6,16

Michal, Sauls Tochter, schaute aus dem Fenster, und als sie sah, wie der König David vor dem Herrn hüpfte und tanzte, verachtete sie ihn in ihrem Herzen.

Kohelet 3,4

Alles hat seine Zeit … eine Zeit zum Weinen, eine Zeit für die Klage und eine Zeit für den Tanz.

Das Hohelied 7,1

Was wollt ihr an Schulammit sehen? Den Lager-Tanz!

Matthäus 11,17; Lukas 7,32

Wir haben für euch auf der Flöte gespielt, und ihr habt nicht getanzt.

Matthäus 14,6; Markus 6,22

Herodias Tochter tanzt vor den Gästen ihres Stiefvaters.

Taube (Auswahl)

Die Taube ist in den christlichen Kirchen das Symbol des Heiligen Geistes. Sie ist auch ein Friedenssymbol.

Genesis 8,8-12

Noach schickt eine Taube aus, um zu sehen, ob das Wasser abgenommen hat.

Genesis 15,9

Abraham opfert Tiere, darunter eine Turteltaube und eine Haustaube.

Levitikus 12,6

Wenn die Zeit ihrer Reinigung nach einer Geburt vorüber ist, soll sie, für einen Sohn ebenso wie für eine Tochter, ein einjähriges Schaf als Brandopfer und eine junge Taube oder eine Turteltaube als Sündopfer zum Priester an den Eingang des Offenbarungszeltes bringen.

Levitikus 12,8; Lukas 2,24

Wenn sie die Mittel für ein Schaf nicht aufbringen kann, soll sie zwei Turteltauben oder zwei junge Tauben nehmen.

Levitikus 15,29

Am achten Tag (nach ihrem Ausfluss) soll sie zwei Turteltauben oder zwei junge Tauben nehmen und sie dem Priester … bringen.

Ijob 42,14

Die erste Tochter nannte er Jemima, Täubchen.

Psalm 55,7

Hätte ich doch Flügel wie eine Taube, dann flöge ich davon und käme zur Ruhe.

Psalm 68,14

Du Taube mit silbernen Schwingen, mit goldenen Flügeln!

Psalm 74,19

Gib dem Raubtier das Leben deiner Taube nicht preis.

Das Hohelied 1,15; 4,1

Schön bist du, meine Freundin, ja du bist schön. Zwei Tauben sind deine Augen.

Das Hohelied 2,14

Meine Taube im Felsennest, versteckt an der Steilwand, dein Gesicht lass mich sehen, deine Stimme hören!

Das Hohelied 5,2

Mach auf, meine Schwester und Freundin, meine Taube, du Makellose! Mein Kopf ist voll Tau, aus meinen Locken tropft die Nacht.

Das Hohelied 5,12

Seine Augen sind wie Tauben an Wasserbächen.

Das Hohelied 6,9

Einzig ist meine Taube.

Jesaja 38,14

Ich zwitschere wie eine Schwalbe, ich gurre wie eine Taube. … Ich bin in Not, Herr. Steh mir bei.

Jesaja 59,11
Wir brummen alle wie Bären und gurren wie Tauben. Wir hoffen auf unser Recht, doch es kommt nicht …

Jesaja 60,8
Wer sind die, die heranfliegen wie Wolken, wie Tauben zu ihrem Schlag?

Jeremia 48,28
Verlasst die Städte, wohnt in den Felsen … Macht es wie die Taube, die nistet an den Wänden der offenen Schlucht.

Nahum 2,8
Die Königin wird zur Schau gestellt, wird entblößt, wird weggeführt; ihre Mägde jammern wie gurrende Tauben und schlagen sich an die Brust.

Matthäus 3,16; Markus 1,10; Lukas 3,21-22; Johannes 1,32
Kaum war Jesus getauft und aus dem Wasser gestiegen, da öffnete sich der Himmel, und er sah den Geist Gottes wie eine Taube auf sich herabkommen.

Matthäus 10,16
Ich sende euch wie Schafe mitten unter die Wölfe; seid daher klug wie die Schlangen und arglos wie die Tauben!

Tekoa (geografisch) (Auswahl)
Tekoa befindet sich etwa 15 km südlich von Jerusalem.

2 Samuel 14,1-24
Die kluge Frau aus Tekoa verteidigt Abschalom vor David und versöhnt sie miteinander.

1 Chronik 2,24
Aschhur, Sohn von Efrata und Kaleb, wird der Vater Tekoas genannt.

1 Chronik 4,5
Aschhur, der Vater Tekoas, hatte zwei Frauen, Hela und Naara (I).

Timna I
Genesis 36,12
Timna ist eine Nebenfrau Elifas'. Elifas ist ein Sohn von Ada (I) und Esau. Timna ist Amaleks Mutter.

Genesis 36,22; 1 Chronik 1,39
Timna ist die Schwester von Lotan.

Timna II (geografisch) (Auswahl)
Genesis 38,12-14
Auf dem Weg nach Timna erwartet Tamar (I) ihren Schwiegervater Juda.
Josua 15,10; 19,43
Timna ist ein Ort in Dan, an der Grenze zu Juda.
Josua 15,57
Timna ist eine Stadt im Bergland von Juda, etwa 15 km westlich von Betlehem.
Richter 14,1-2.5
Simson heiratet eine Philisterin aus Timna.
2 Chronik 28,18
Die Philister erobern … Timna mit seinen Tochterstädten.
1 Makkabäer 9,50
Er legte in Juda befestigte Städte an: … Timna

Tirza I »Gefallen«
Numeri 26,33
Zelofhad hat keine Söhne, nur Töchter, sie heißen Machla (I), Noa, Hogla, Milka (II) und Tirza (I).
Numeri 27,1-11; Josua 17,3-6
Tirza und ihre Schwestern setzen das Erbgesetz für Töchter fest.
Numeri 36,1-13
Erbrechtsbestimmungen. Tirza und ihre Schwestern heiraten ihre Vettern vom Stamm Manasse.
Das Hohelied 6,4
Schön bist du, meine Freundin, schön wie Tirza.

Tirza II (geografisch)
Tirza ist eine alte kanaanäische Stadt. Sie war die Hauptstadt des Nordreiches und Sitz der Könige von Israel. Später wurde Tirza als Hauptstadt von Samaria abgelöst.
Josua 12,24
Der König von Tirza gehört zu den dreiunddreißig Königen, die Josua besiegt und deren Städte er erobert.

1 Könige 14,1-18
Die Frau Jerobeams erhält eine bittere Botschaft vom Propheten und geht heim nach Tirza.
1 Könige 15,21.33; 16,6-9.15.17.23; 2 Könige 15,14.16
Könige in Tirza

Tochter (Auswahl)
Genesis 24,54-62; Tobit 10,13-14
Auszug der Tochter aus dem Elternhaus
Exodus 2,5-10; Apostelgeschichte 7,21
Die Tochter des Pharao adoptiert Mose.
Richter 12,9.14
Ibzan aus Betlehem, Richter in Israel, hat dreißig Söhne; dreißig Töchter gibt er nach auswärts (in die Ehe), und dreißig Töchter führt er seinen Söhnen von auswärts zu. Sein Nachfolger hat vierzig Söhne und dreißig Enkel, die auf siebzig Eseln reiten.
2 Samuel 1,24
Ihr Töchter Israels, um Saul müsst ihr weinen; er hat euch in köstlichen Purpur gekleidet, hat goldenen Schmuck auf eure Gewänder geheftet.
2 Samuel 12,3
Sein Lamm war dem armen Mann wie eine Tochter.
Nehemia 10,29.31
Ihre Frauen, Söhne und Töchter, alle, die das nötige Verständnis besitzen … verpflichten sich, … das Gesetz Gottes zu befolgen. Wir werden unsere Töchter nicht den Völkern im Land zu Frauen geben, noch ihre Töchter für unsere Söhne nehmen.
Psalm 45,10-15
Höre Tochter, sieh her und neige dein Ohr, vergiss dein Volk und dein Vaterhaus! Der König verlangt nach deiner Schönheit …
Jesus Sirach 7,24-25
Hast du Töchter, so behüte ihren Leib; zeig dich ihnen nicht allzu freundlich! Bring die Tochter aus dem Haus, dann zieht die Sorge aus; doch verheirate sie nur mit einem verständigen Mann!
Jesaja 3,16-24
Weil die Töchter Zions hochmütig sind, ihre Hälse recken und mit verführerischen Blicken daher-

kommen …, darum wird der Herr den Scheitel der Töchter Zions mit Schorf bedecken.

Jesaja 4,4

Wenn der Herr den Kot von den Töchtern Zions abgewaschen hat …

Jesaja 10,30

Lass deine Stimme gellen, Tochter Gallim! Lausche, Lajescha! Anatot, antworte ihr!

Jesaja 15,2

Die Tochter Dibon steigt zu den Kulthöhen hinauf, um dort zu klagen.

Jesaja 16,2

Wie flüchtende Vögel, aus dem Nest verscheucht, so sind die Töchter Moabs an den Furten des Arnon.

Jesaja 23,4

Ich zog weder Söhne noch Töchter groß.

Jesaja 23,12

Nie mehr sollst du fröhlich sein, Tochter Sidon, du vergewaltigte Jungfrau.

Jesaja 43,6

Führe meine Söhne heim aus der Ferne, meine Töchter vom Ende der Erde!

Jesaja 47,1.5

Steig herab, Tochter Babel, Jungfrau, setz dich in den Staub! Setz dich auf die Erde; es gibt keinen Thron mehr, Tochter Chaldäas … Geh hinaus ins Dunkel, Tochter Chaldäas!

Jeremia 6,26

Tochter, mein Volk, leg das Trauerkleid an und wälz dich im Staub! Halte Trauer wie um einen einzigen Sohn.

Jeremia 8,11.19.21-23

Den Schaden der Tochter, meines Volkes, möchten sie heilen … Warum schließt sich denn nicht die Wunde der Tochter, meines Volkes?

Jeremia 9,19

Hört, ihr Frauen, … Lehrt eure Töchter die Klage, eine lehre die andere das Totenlied: Der Tod ist durch unsre Fenster gestiegen …

Jeremia 16,1-3

Das Wort des Herrn erging an mich: Du sollst dir keine Frau nehmen und weder Söhne noch Töchter haben.

Jeremia 29,6

Nehmt euch Frauen, und zeugt Söhne und Töchter, nehmt für eure Söhne Frauen, und gebt eure Töchter Männern, damit sie Söhne und Töchter gebären.

Jeremia 31,21

Wie lange willst du dich noch sträuben, du abtrünnige Tochter?

Jeremia 48,18

Steig herab von deiner Würde, setz dich in den Kot, du thronende Tochter Dibon.

Jeremia 48,46

Moabs ... Töchter schleppt man in die Gefangenschaft.

Jeremia 49,3-5

Schreit, ihr Töchter von Rabba! Legt Trauerkleider an, haltet die Totenklage, lauft umher mit eingeritzten Wunden.

Klagelieder 4,21-22

Juble nur und freue dich, Tochter Edom ... Deine Schuld bestraft er, Tochter Edom.

Ezechiel 24,25

An jenen Tagen, wenn ich ihnen ... die Freude ihrer Augen und die Sehnsucht ihrer Seele, ihre Söhne und Töchter, nehme ...

Ezechiel 26,6.8

Seine Töchter (Tyrus) auf dem Festland werden vom Schwert erschlagen.

Ezechiel 32,16

Die Töchter der Völker sollen die Totenklage über Ägypten und all seine Pracht anstimmen.

Ezechiel 44,25

Priester dürfen sich nur unrein machen beim Tod von Vater und Mutter, Sohn und Tochter, Bruder und unverheirateter Schwester.

Daniel 11,6

Die Tochter des Königs des Südens kommt zum König des Nordens.

Joël 3,1-2

Eure Söhne und Töchter werden Propheten sein.

Micha 4,14

Jetzt ritze dich wund, Tochter der Trauer!

Micha 7,5-6

Tochter gegen Mutter, Schwiegertochter gegen Schwiegermutter

Maleachi 2,11

Juda hat die Tochter eines fremden Gottes zur Frau genommen.

Matthäus 9,18-26; Markus 5,21-43; Lukas 8,40-56

Die Auferweckung der Tochter des Synagogenvorstehers Jaïrus.

Matthäus 10,35-37; Lukas 12,53; Micha 7,6

Jesus wird ... die Tochter mit der Mutter entzweien.

Matthäus 10,37

Wer Sohn oder Tochter mehr liebt als mich, ist meiner nicht würdig.

Matthäus 14,3-12; Markus 6,17-29

Die Tochter der Herodias tanzt vor den Gästen. Als Lohn verlangt sie den Kopf von Johannes dem Täufer.

Matthäus 15,21-28; Markus 7,24-30

Jesus heilt die Tochter einer heidnischen Frau.

Lukas 2,36

Die Prophetin Hanna (III) ist eine Tochter Penuëls aus dem Stamm Ascher.

Lukas 13,16

Jesus nennt die gekrümmte Frau eine Tochter Abrahams.

Johannes 12,15; Jesaja 40,9; Sacharja 9,9

Fürchte dich nicht, Tochter Zion!

Apostelgeschichte 7,21

Die Tochter des Pharao adoptierte Mose.

Apostelgeschichte 21,9

Philippus hat vier prophetisch begabte Töchter.

2 Korinther 6,18

Ihr sollt meine Söhne und Töchter sein.

Tochter Ägypten
Jeremia 46,11-12.19
Zieh hinauf nach Gilead und hole Balsam, Jungfrau, Tochter Ägyptens.
Jeremia 46,24
Zuschanden wird die Tochter Ägyptens.

Tochter Babel
Psalm 137,8-9
Tochter Babel, du Zerstörerin! Wohl dem, der dir heimzahlt, was du getan hast! Wohl dem, der deine Kinder packt und sie am Felsen zerschmettert!
Jesaja 47,1-15
Steig herab, Tochter Babel, Jungfrau, setz dich in den Staub!
Jeremia 50,42-46
Krieger, zum Kampf gerüstet, gegen dich, Tochter Babel
Jeremia 51,33
Die Tochter Babel gleicht der Tenne, wenn sie festgestampft wird.

Tochter der Herodias
Matthäus 14,3-11; Markus 6,17-28
Die Tochter der Herodias tanzt am Geburtstag ihres Stiefvaters König Herodes vor seinen Gästen. Zur Belohnung fordert sie auf Anraten ihrer Mutter den Kopf von Johannes dem Täufer. Der Überlieferung nach heißt sie Salome. Ihr Name steht nicht in der Bibel.

Tochter des Jaïrus
Matthäus 9,18-26; Markus 5,21-43; Lukas 8,40-56
Die Auferweckung der Tochter des Synagogenvorstehers Jaïrus.

Tochter Juda
Psalm 48,12; 97,8
… die Töchter Judas sollen über deine gerechten Urteile jubeln.

Klagelieder 1,15

Die Kelter trat der Herr gegen die Jungfrau, Tochter Juda.

Klagelieder 2,2

In seinem Grimm hat er die Bollwerke der Tochter Juda niedergerissen.

Klagelieder 2,5

Auf die Tochter Juda hat er gehäuft Jammer um Jammer.

Tochter des Pharao

Exodus 2,5-10

Die Tochter des Pharao badet im Nil und entdeckt das Binsenkörbchen mit Mose. Sie adoptiert Mose und erzieht ihn am Hof des Pharao.

1 Könige 3,1

Salomo heiratet die Tochter des Pharao.

1 Könige 9,16

Das Hochzeitsgeschenk des Pharao für Salomo

1 Könige 9,24; 2 Chronik 8,11

Salomo baut in Jerusalem ein Haus für die Tochter des Pharao.

1 Könige 11,1

Salomo liebt außer der Tochter des Pharao noch viele ausländische Frauen.

Hebräer 11,24

Wegen seines Glaubens weigert Mose sich, »Sohn einer Tochter des Pharao« genannt zu werden.

Tochterstadt (Auswahl)

Josua 10,37-39

Sie erschlagen alles, was in ihr lebt, ebenso die Einwohner aller ihrer Tochterstädte.

Josua 15,45-47

Ekron mit den dazugehörenden Tochterstädten

Richter 1,27-28

Manasse kann die Einwohner von Bet-Schean und seinen Tochterstädten, die Einwohner von Dor und seinen Tochterstädten, die Einwohner von Jibleam und seinen Tochterstädten und die Einwohner von Meggido und seinen Tochterstädten nicht vertreiben.

1 Chronik 2,23

... sie nehmen die Zeltdörfer Jaïrs sowie Kenat und seine Tochterstädte weg.

1 Chronik 5,16

Sie wohnen in Gilead, im Baschan und seinen Tochterstädten und an allen Weideflächen Scharons.

1 Chronik 7,28-29

Ihr Besitz und ihre Wohnplätze sind Bet-El mit seinen Tochterstädten ... Geser mit seinen Tochterstädten bis nach Aja mit seinen Tochterstädten. Manasse gehören Bet-Schean mit seinen Tochterstädten, Megiddo mit seinen Tochterstädten und Dor mit seinen Tochterstädten.

1 Chronik 8,12

Huschims Nachkommen bauen Ono und Lod mit seinen Tochterstädten.

1 Chronik 18,1

David schlägt die Philister und nimmt ihnen Gat und seine Tochterstädte weg.

2 Chronik 13,19.21

Abija nimmt ihm folgende Städte weg: Bet-El mit seinen Tochterstädten, Jeschana mit seinen Tochterstädten und Efron mit seinen Tochterstädten. Er wird mächtig und nimmt sich vierzehn Frauen und zeugt zweiundzwanzig Söhne und sechzehn Töchter.

2 Chronik 28,18

Die Philister erobern ... Socho mit seinen Tochterstädten, Timna (II) mit seinen Tochterstädten und Gimso mit seinen Tochterstädten und setzen sich darin fest.

Nehemia 11,25.27-31

Angehörige des Stammes Juda wohnen in Kirjat-Arba und seinen Tochterstädten, in Dibon und seinen Tochterstädten ... in Beerscheba und seinen Tochterstädten, in Ziklag sowie in Mechona mit seinen Tochterstädten ... in Aseka und seinen Tochterstädten ... in Bet-El und seinen Tochterstädten.

1 Makkabäer 5,65

Er schlug Hebron mit seinen Tochterstädten.

Jeremia 49,2-4

Zum wüsten Trümmerhaufen wird Rabba werden, seine Tochterstädte brennen im Feuer nieder.

Tochter Zion (gemeint ist Jerusalem)

2 Könige 19,21; Jesaja 37,22

Dich verachtet, dich verspottet die Jungfrau, die Tochter Zion.

Jesaja 1,8

Die Tochter Zion steht verlassen da, wie eine Hütte im Weinberg, wie eine Wächterhütte im Gurkenfeld.

Jesaja 10,32

Heute noch ... wird er die Hand drohend gegen den Berg der Tochter Zion erheben, gegen Jerusalems Hügel.

Jesaja 16,1

Schickt Lämmer für den Herrscher des Landes, von Sela durch die Wüste zum Berg der Tochter Zion!

Jesaja 40,9

... Zion, du Botin der Freude! Erheb deine Stimme mit Macht, Jerusalem, du Botin der Freude!

Jesaja 49,14-50,3

Gottes Trost für Zion

Jesaja 52,1-2

Wach auf, Zion, wach auf, zieh das Gewand deiner Macht an! ... Löse die Fessel von deinem Hals, gefangene Tochter Zion!

Jesaja 62,11; Matthäus 21,5

Sagt der Tochter Zion: Sieh her, jetzt kommt deine Rettung.

Jeremia 4,31

Ja, ich höre Geschrei wie von einer Frau in Wehen ... das Schreien der Tochter Zion, die nach Atem ringt.

Jeremia 6,2

Die Schöne und Verwöhnte, die Tochter Zion, ich vernichte sie.

Jeremia 6,23

Sie kommen mit Bogen und Sichelschwert, grausam sind sie und ohne Erbarmen ... gegen dich, Tochter Zion.

Klagelieder 1,1-22

Das erste Lied der klagenden Tochter Zion: Weh, wie einsam sitzt da die einst so volkreiche Stadt. Einer Witwe wurde gleich die Große unter den Völkern …

Klagelieder 2,1-22

Das zweite Lied der klagenden Tochter Zion: Weh, mit seinem Zorn umwölkt der Herr die Tochter Zion.

Klagelieder 2,4

Im Zelt der Tochter Zion goss er seinen Zorn aus wie Feuer.

Klagelieder 2,8

Zu schleifen plante der Herr die Mauer der Tochter Zion.

Klagelieder 2,10

Am Boden sitzend, verstummt, die Ältesten der Tochter Zion … Zu Boden senken den Kopf die Mädchen von Jerusalem.

Klagelieder 2,13

Wie kann ich dich trösten, Jungfrau, Tochter Zion?

Klagelieder 2,18

Schrei laut zum Herrn, stöhne, Tochter Zion!

Klagelieder 4,1-22

Das vierte Lied der klagenden Tochter Zion: Weh, wie glanzlos ist das Gold, gedunkelt das köstliche Feingold …

Klagelieder 5,1-22

Das fünfte Lied der klagenden Tochter Zion: Herr, denke daran, was uns geschehen …

Micha 1,13

Ja, das war der Anfang der Sünde der Tochter Zion.

Micha 4,8

… Felsenhöhe der Tochter Zion, du erhältst wieder die Herrschaft wie früher, das Königtum kommt wieder zur Tochter Jerusalem.

Micha 4,10

Winde dich, stöhne, Tochter Zion, wie eine gebärende Frau!

Micha 4,13

Steh auf, um zu dreschen, Tochter Zion!

Zefanja 3,14

Juble, Tochter Zion! Jauchze, Israel! Freu dich und frohlocke von ganzem Herzen, Tochter Jerusalem!

Sacharja 2,14

Juble und freue dich, Tochter Zion; denn siehe, ich komme und wohne in deiner Mitte.

Sacharja 9,9; Johannes 12,15

Juble laut, Tochter Zion! Jauchze, Tochter Jerusalem! Siehe, dein König kommt zu dir. Er ist gerecht und hilft; er ist demütig und reitet auf einem Esel, auf einem Fohlen, dem Jungen einer Eselin.

Matthäus 21,5

Sagt der Tochter Zion: Siehe, dein König kommt zu dir.

Töchter des Priesters → siehe Zippora

Exodus 2,16-22

Der Priester von Midian hat sieben Töchter. Eine von ihnen ist Zippora.

Levitikus 21,9

Priestertöchter, die sich der Prostitution hingeben, sollen im Feuer verbrannt werden.

Torheit (personifiziert)

Sprichwörter 9,1-18;14,1

Frau Weisheit und Frau Torheit

Tränen/Weinen (Auswahl)

Tobit 7,7

Auch seine Frau Edna und seine Tochter Sara (II) brechen in Tränen aus.

Tobit 7,16

Sara (II) beginnt zu weinen. Ihre Mutter trocknet ihr die Tränen und tröstet sie.

Psalm 6,7

… jede Nacht benetzen Ströme von Tränen mein Bett, ich überschwemme mein Lager mit Tränen.

Psalm 39,13

Hör mein Gebet, Herr, vernimm mein Schreien, schweig nicht zu meinen Tränen!

Psalm 42,4

Tränen waren mein Brot bei Tag und bei Nacht; denn man sagt zu mir den ganzen Tag: Wo ist nun dein Gott?

Psalm 56,9

Sammle meine Tränen in einem Krug, zeichne sie auf in deinem Buch!

Psalm 102,10-11

Staub muss ich essen wie Brot, mit Tränen mische ich meinen Trank; denn auf mir lasten dein Zorn und dein Grimm.

Psalm 116,8

Du hast mein Leben dem Tod entrissen, meine Tränen getrocknet, meinen Fuß bewahrt vor dem Gleiten.

Psalm 126,5-6

Die mit Tränen säen, werden mit Jubel ernten. Sie gehen hin unter Tränen und tragen den Samen zur Aussaat. Sie kommen wieder mit Jubel und bringen ihre Garben ein.

Kohelet 4,1

Sieh, die Ausgebeuteten weinen, und niemand tröstet sie.

Jesus Sirach 22,19

Wer ins Auge stößt, treibt Tränen heraus; wer ins Herz stößt, treibt Freundschaft hinaus.

Jesus Sirach 35,17-18

Er missachtet nicht das Schreien der Waise und der Witwe, die viel zu klagen hat. Rinnt nicht die Träne über die Wange, und klagt nicht Seufzen gegen den, der sie verursacht?

Jesaja 25,8

Gott wischt die Tränen ab von jedem Gesicht.

Jeremia 9,16-21

Ruft die Klagefrauen herbei! … Schnell sollen sie kommen und Klage über uns anstimmen, sodass unsre Augen von Tränen fließen und unsre Wimpern von Wasser triefen.

Jeremia 13,17

… so muss ich im Verborgenen weinen über den Hochmut und mein Auge muss ohne Unterlass Tränen vergießen.

Jeremia 14,17
Meine Augen fließen über vor Tränen bei Tag und bei Nacht und finden keine Ruhe.

Jeremia 31,16
Verwehre deiner Stimme die Klage und deinen Augen die Tränen!

Klagelieder 1,1-2
Die Fürstin über Länder ist zur Fron erniedrigt. Sie weint und weint des Nachts, Tränen auf ihren Wangen.

Klagelieder 2,11
Meine Augen ermatten vor Tränen, mein Inneres glüht.

Klagelieder 2,18
Wie ein Bach fließen die Tränen Tag und Nacht.

Maleachi 2,13
Ihr bedeckt den Altar des Herrn mit Tränen, ihr weint und klagt, weil er sich eurem Opfer nicht mehr zuwendet.

Lukas 7,13
Als Jesus die Frau sah, hatte er Mitleid mit ihr und sagte: Weine nicht (Witwe zu Nain).

Lukas 7,38.44
… und ihre Tränen fielen auf seine Füße. Sie trocknete sie mit ihrem Haar. (Salbung in Betanien)

Lukas 23,28-29
Ihr Frauen von Jerusalem, weint nicht über mich, weint über euch und eure Kinder.

Johannes 20,13
Die Engel: Frau, warum weinst du?

Johannes 20,15
Jesus: Frau, warum weinst du?

Offenbarung 7,17; 21,4
Gott wird abwischen alle Tränen von ihren Augen.

Trost/trösten

Genesis 24,67
Isaak gewinnt Rebekka lieb und tröstet sich so über den Verlust seiner Mutter.

Genesis 37,35
Seine Söhne und Töchter machen sich auf, um ihn zu trösten. Jakob aber lässt sich nicht trösten.

2 Samuel 12,24
David tröstet seine Frau Batseba; er geht zu ihr hinein und schläft mit ihr.

Kohelet 4,1
Sieh, die Ausgebeuteten weinen, und niemand tröstet sie; von der Hand ihrer Ausbeuter geht Gewalt aus, und niemand tröstet sie.

Jesaja 22, 4
Bemüht euch nicht, mich zu trösten über die Misshandlung der Tochter, meines Volkes.

Jesaja 66,11
Saugt euch satt an ihrer tröstenden Brust.

Jesaja 66,13
Wie eine Mutter ihren Sohn tröstet, so tröste ich euch.

Jeremia 31,15
Rahel weint um ihre Kinder und will sich nicht trösten lassen.

Johannes 11,19.31
Viele Juden waren zu Maria (III) und Marta gekommen, um sie wegen ihres Bruders zu trösten.

Tryphäna und Tryphosa

Römer 16,12
Tryphäna und Tryphosa sind zwei Christinnen, vielleicht Schwestern. Sie wohnen in Rom. Paulus lässt sie grüßen.

V

Väter und Töchter

Genesis 19,1-26
Lot ist bereit, seine beiden Töchter den gewalttätigen Männern von Sodom und Gomorra zu überlassen.

Genesis 19,30-38
Lot zieht mit seinen beiden Töchtern ins Gebirge. Die Töchter werden schwanger von ihrem Vater.

Genesis 29,16-30
Laban verheiratet seine Töchter Lea und Rahel mit Jakob.

Genesis 31,19.25-35
Rahel stiehlt ihrem Vater die Hausgötter.

Numeri 30,2-9.17
Das sind die Gesetze … sie gelten für … den Vater und seine ledige Tochter, solange sie noch im Haus ihres Vaters lebt.

Josua 15,16-19; Richter 1,12-15
Achsa erlistet von ihrem Vater zwei Oasen in der Wüste Negeb.

Richter 11,29-40
Jiftach opfert seine Tochter.

Richter 19,2-9
Ein Vater versucht vergeblich seiner Tochter gegen ihren ungeliebten Ehemann beizustehen.

1 Samuel 18,17-19
Merab, Sauls älteste Tochter, soll Davids Frau werden. Aber sie wird stattdessen mit Adriël von Mehola verheiratet.

1 Samuel 18,20-29
Saul verheiratet seine Tochter Michal mit David für zweihundert Vorhäute erschlagener Philister.

1 Samuel 19,17-18
Saul fühlt sich von seiner Tochter Michal betrogen, weil sie zu David hält.

1 Samuel 25,44
Saul verheiratet seine Tochter Michal mit Palti.

Tobit 7,12-14
Raguël verheiratet seine Tochter Sara (II) mit Tobias und setzt den Ehevertrag auf.

Jesus Sirach 42,9-14
Die Sorgen des Vaters um seine Tochter

Hosea 1,6; 2,25
Hosea nennt seine Tochter Lo-Ruhama, »Kein Erbarmen«.

Hosea 2,3
Hosea nennt seine Tochter Ruhama, »Erbarmen«.

Matthäus 9,18-26; Markus 5,21-43; Lukas 8,40-56
Die Auferweckung der Tochter des Synagogenvorstehers Jaïrus.

Matthäus 14,3-11; Markus 6,17-28
Herodias' Tochter tanzt vor Herodes und seinen Gästen.

Vergewaltigung → siehe Dina; Tamar II

Richter 19,1-30

Die Schandtat der Männer von Gibea

Jesaja 23,12

Nie mehr sollst du fröhlich sein, Tochter Sidon, du vergewaltigte Jungfrau.

Klagelieder 5,11

Frauen hat man in Zion geschändet, Jungfrauen in den Städten von Juda.

Ezechiel 22,10-11

Man schändet die Frau des Vaters, man missbraucht bei dir Frauen während ihrer Blutung.

Verlorene Drachme

Lukas 15,8-10

Jesus erzählt das Gleichnis von der Drachme, die eine Frau verloren hat und wieder findet.

Vorschriften für das Verhalten von Frauen (Auswahl)

1 Korinther 11,2-16

Über das Verhalten der Frau im Gottesdienst

1 Korinther 14,33-35

Die Frauen sollen in den Versammlungen schweigen, es ist ihnen nicht gestattet zu reden. Sie sollen sich unterordnen, wie auch das Gesetz es fordert.

Epheser 5,21-33; Kolosser 3,18-19; 1 Petrus 3,1-7

Die Frauen sollen sich den Männern unterordnen.

1 Timotheus 2,8-15

Eine Frau soll sich still und in aller Unterordnung belehren lassen. Dass eine Frau lehrt, erlaube ich (Paulus) nicht, auch nicht, dass sie über ihren Mann herrscht, sie soll sich still verhalten.

Titus 2,3-5

Das angemessene Verhalten älterer Frauen

W

Wahrsagerin

Levitikus 19,31

Totenbeschwörer und Wahrsager verunreinigen euch.

Levitikus 20,27

Männer und Frauen, in denen ein Toten- oder Wahrsagegeist ist, sollen mit dem Tod bestraft werden.

Apostelgeschichte 16,16-21

Eine Wahrsagerin wird Paulus und seinen Begleitern in Philippi zum Verhängnis.

Waschti »Die Schönste«; »Die Begehrteste«

Ester 1,1-22

Waschti ist die Frau des Perserkönigs Artaxerxes. Sie weigert sich, vor dem König zu erscheinen, und wird verstoßen, damit ihr Beispiel nicht Schule macht bei den Frauen.

Ester 2,1-4.17

Königin Waschti wird verstoßen. An ihre Stelle tritt Ester.

Wehen (Auswahl)

1 Samuel 4,19

Elis Schwiegertochter sank zu Boden und gebar ihr Kind; die Wehen waren über sie gekommen.

Psalm 48,7

Dort packte sie das Zittern, wie die Wehen eine gebärende Frau.

Das Hohelied 8,5

… dort, wo deine Gebärerin in Wehen lag.

Jesus Sirach 19,11

Um eines Wortes willen kommt der Tor in Wehen wie eine Gebärende durch ihre Leibesfrucht.

Jesaja 13,8

Sie werden von Krämpfen und Wehen befallen, wie eine Gebärende winden sie sich.

Jesaja 21,3

Krämpfe befallen mich wie die Wehen eine gebärende Frau.

Jesaja 23,4

Ich lag nicht in Wehen und habe nicht geboren.

Jesaja 26,17-18

Wie eine schwangere Frau, die nahe daran ist, ihr Kind zu gebären, die sich in ihren Wehen windet und schreit …

Jesaja 54,1; Galater 4,27
Freu dich, du, … die nie in Wehen lag, brich in Jubel aus und jauchze!

Jesaja 66,7
Noch ehe die Frau ihre Wehen bekommt, hat sie schon geboren.

Jeremia 4,31
Ich höre Geschrei wie von einer Frau in Wehen, Stöhnen wie von einer Erstgebärenden.

Jeremia 13,21; 22,23
Werden dich nicht Wehen ergreifen wie eine gebärende Frau?

Jeremia 48,41
Das Herz der Helden Moabs ist an jenem Tag wie das Herz einer Frau in Wehen.

Jeremia 49,22
Das Herz der Helden Edoms ist wie das Herz einer Frau in Wehen.

Jeremia 49,24
Angst und Wehen ergreifen Damaskus wie eine Gebärende.

Hosea 13,13
Es kommen die Wehen für seine Geburt, aber er ist ein törichtes Kind, denn wenn die Zeit da ist, kommt er nicht heraus aus dem Mutterschoß.

Micha 4,9
Ist kein Berater mehr da, dass dich Wehen ergreifen wie eine gebärende Frau?

Matthäus 24,8; Markus 13,8
Das alles ist erst der Anfang der Wehen.

Römer 8,22
Die gesamte Schöpfung seufzt und liegt in Geburtswehen.

Galater 4,19
Paulus erleidet Geburtswehen.

1 Thessalonicher 5,3
Das Verderben kommt über sie wie die Wehen über eine schwangere Frau.

Offenbarung 12,2
Die Frau war schwanger und schrie vor Schmerz in ihren Geburtswehen.

Weib → siehe Frauen

1 Samuel 20,30

»Du Sohn eines entarteten und aufsässigen Weibes! Ich weiß sehr gut, dass du dich zu deiner eigenen Schande und zur Schande des Schoßes deiner Mutter für den Sohn Isais entschieden hast!« Saul zu seinem Sohn Jonatan

Judit 14,18

Ein einzelnes Weib der Hebräer hat Schande über das ganze Haus Nebukadnezzars gebracht.

Ijob 14,1-2

Der Mensch, vom Weib geboren, knapp an Tagen, unruhvoll …

Ijob 15,14; 25,4

… der vom Weib Geborene

Sprichwörter 11,16

Sitz der Schande ist ein Weib, das gute Sitten hasst.

Sprichwörter 11,22

Ein goldener Ring im Rüssel eines Schweins ist ein Weib, schön, aber sittenlos.

Jesaja 19,16

An jenem Tag werden die Ägypter wie die Weiber sein: Sie erschrecken und zittern, wenn der Herr der Heere seine Faust gegen sie schwingt.

Jesaja 47,8

Nun aber höre, du üppiges Weib …

1 Timotheus 4,7

Gottlose Altweiberfabeln weise zurück!

Offenbarung 2,20

Das Weib Isebel (II) (falsche Prophetin)

Weisheit (Auswahl)

Die personifizierte Weisheit, Sophia, als Gottes weiblicher Geist.

Ihre Wegstationen durch die Bibel in der Abfolge ihres Erscheinens.

Genesis 1,1-2

… und der Geist Gottes schwebte über dem Wasser.

Genesis 1,26

Lasst uns Menschen machen, uns ähnlich.

Sprichwörter 8,22-31

Die Weisheit war von Anfang an bei Gott. Sie tanzte auf dem Erdkreis und hatte ihre Freude an den Menschenkindern.

Weisheit 7,22-26.29; 8,1

Das Wesen der Weisheit ist einzigartig. Sie ist strahlender als das Licht. Machtvoll entfaltet sie ihre Kraft … und durchwaltet voll Güte das All.

Jesus Sirach 24,9-19

Die Weisheit lässt sich auf der Erde nieder. Sie lädt ein: Kommt zu mir, die ihr mich begehrt, sättigt euch an meinen Früchten.

Sprichwörter 8,1-17

Die Weisheit lockt die Menschen zu sich. Sie sagt: Ich liebe alle, die mich lieben, und wer mich sucht, wird mich finden.

Weisheit 6,12-18

Das Gebot der Weisheit ist Liebe.

Weisheit 8,9-18

Die Weisheit als Lebensgefährtin

Baruch 3,15-31

Die Weisheit ist verschwunden. Niemand, auch nicht die Fabeldichter und die Forscher, haben ihre Pfade entdeckt. Keiner weiß den Weg.

Ijob 28,12-14. 20-27

Die Weisheit aber, wo ist sie zu finden? Sie findet sich nicht in der Lebenden Land.

Matthäus 3,13-17; Markus 1,9-11; Lukas 3,21-22; Johannes 1,32-34

Die Weisheit kehrt zur Erde zurück. Der Heilige Geist kam sichtbar in Gestalt einer Taube auf Jesus herab und eine Stimme aus dem Himmel sprach: Du bist mein geliebter Sohn, an dir habe ich Gefallen.

Matthäus 17,1-2.5-9; Markus 9,2-3.7-9; Lukas 9,28-29.34-35

Eine Stimme aus den Wolken bestätigt Jesus als Sohn der Weisheit.

Matthäus 13,54-58; Markus 6,1-3; Lukas 4,16-24

Die Menschen fragen: Was ist das für eine Weisheit, die ihm gegeben ist? … Ist das nicht der Zimmermann, der Sohn der Maria (I)?

Johannes 1,1-18

Statt »das Wort« könnte auch »die Weisheit« gelesen werden. (→ Siehe Fußnote Einheitsübersetzung)

Johannes 13,34-35; Weisheit 6,18

Ein neues Gebot gebe ich euch: Liebt einander!

Lukas 7,34-35

Jesus wird nicht verstanden, aber die Weisheit wohnt in ihren Kindern.

Johannes 14,15-19.27

Der Vater wird euch einen anderen Beistand geben, der für immer bei euch bleiben soll. Es ist der Geist der Weisheit (in der Bibel steht Wahrheit statt Weisheit), den die Welt nicht empfangen kann, weil sie ihn nicht sieht und nicht kennt.

Apostelgeschichte 2,1-4

Am Pfingsttag kam plötzlich vom Himmel her ein Brausen ... alle wurden mit dem Heiligen Geist erfüllt.

1 Korinther 2,6-8

Wir verkünden Weisheit. Aber nicht die Weisheit dieser Welt oder ihrer Machthaber ... Vielmehr verkündigen wir das Geheimnis der verborgenen Weisheit Gottes.

Weisheits-Sprichwörter (Auswahl)

Ijob 28,18

Wer Weisheit erwirbt, hat mehr als Perlen.

Ijob 28,20

Woher kommt die Weisheit? Und wo wohnt die Einsicht?

Ijob 28,23

Gott allein kennt den Weg zur Weisheit.

Psalm 51,8

Tue mir im Verborgenen Weisheit kund.

Sprichwörter 1,20

Die Weisheit ruft auf den Gassen.

Sprichwörter 2,10

Die Weisheit wird in dein Herz kommen.

Sprichwörter 7,4

Sage zur Weisheit: Du bist meine Schwester.

Sprichwörter 8,1

Ruft nicht die Weisheit vernehmlich?

Sprichwörter 11,2
Bei den Bescheidenen ist Weisheit.
Sprichwörter 14,6
Der Zuchtlose sucht Weisheit und findet sie nicht.
Sprichwörter 16,16
Besser ist es, Weisheit zu erwerben als Gold.
Sprichwörter 18,4
Tiefe Wasser sind die Worte aus dem Mund eines Menschen, ein sprudelnder Bach, eine Quelle der Weisheit.
Sprichwörter 24,3
Durch Weisheit wird ein Haus gebaut.
Kohelet 7,13
Schutz gewährt die Weisheit so gut wie das Geld, doch die Weisheit gibt dem Besitzer Leben.
Weisheit 1,4
In eine Seele, die auf Böses sinnt, kehrt die Weisheit nicht ein.
Weisheit 6,12
Strahlend und unvergänglich ist die Weisheit; wer sie liebt, erblickt sie schnell, und wer sie sucht, findet sie.
Weisheit 7,24
Die Weisheit ist beweglicher als jede Bewegung.
Jesus Sirach 20,30
Verborgene Weisheit und verdeckter Schatz, was nützen sie?

Witwe
Numeri 30,10
Das Gelübde einer Witwe oder einer verstoßenen Frau bleibt für sie in Kraft.
1 Könige 17,8-24
Der Prophet Elija bei der Witwe in Sarepta
2 Könige 4,1-7
Die wunderbare Öl-Vermehrung der Witwe durch den Propheten Elischa
Jesaja 10,1-2
Weh denen, die Gesetze erlassen …, um die Witwen auszubeuten und die Waisen auszuplündern.
Jeremia 15,8-9
Seine (Jerusalems) Witwen wurden zahlreicher als der Sand am Meer.

Jeremia 18,21

Ihre Frauen sollen ihrer Kinder beraubt und zu Witwen werden.

Klagelieder 1,1

Einer Witwe gleich wurde die Große unter den Völkern.

Baruch 4,16

Das fremde Volk führte die Lieblinge der Witwe weg, raubte der Vereinsamten die Töchter.

Baruch 6,37

Mit der Witwe haben sie kein Mitleid, dem Waisenkind helfen sie nicht (die Götzenbilder).

Markus 12,40; Lukas 20,47

Ihr bringt die Witwen um ihre Häuser.

Markus 12,41-44; Lukas 21,1-4

Das Opfer der Witwe

Lukas 2,37

Hanna (III), eine Witwe von vierundachtzig Jahren.

Lukas 4,25-26

Jesus erinnert an die Geschichte von Elija und der Witwe in Sarepta.

Lukas 7,11-17

Der Jüngling von Nain, den Jesus vom Tod auferweckt, ist der Sohn einer Witwe.

Lukas 18,1-8

Das Gleichnis vom ungerechten Richter und der Witwe, die ihr Recht durchsetzt.

Apostelgeschichte 6,1

Die Witwen werden bei der täglichen Versorgung übersehen.

Apostelgeschichte 9,39.41

Die Heiligen und die Witwen im Haus der Tabita in Joppe

1 Korinther 7,8

Vorschriften zum Verhalten der Witwen

1 Korinther 7,39-40

Wiederverheiratung einer Witwe

1 Timotheus 5,3-16

Stand und Aufgabe der Witwen

Offenbarung 18,7

Ich (Babylon) bin keine Witwe und werde keine Trauer kennen.

Z

Zauberin
Exodus 22,17; Levitikus 20,27; Deuteronomium 18,10-12
Eine Zauberin (Hexe) sollst du nicht am Leben lassen.
Jesaja 57,3
Ihr Söhne einer Zauberin
Ezechiel 13,17-23
Der Auftrag des Propheten, gegen Zauberinnen vorzugehen.
Nahum 3,4-7
Der Prophet geht gegen Zauberinnen vor.

Zehn Jungfrauen
Matthäus 25,1-13
Jesus erzählt das Gleichnis von den zehn Jungfrauen.

Zerua »Aussatz«
1 Könige 11,26
Zerua ist die Mutter des Beamten Jerobeam, der später König wird.

Zeruja »Mit der Wurzel des Mastixbaums parfümiert«
1 Samuel 26,6; 2 Samuel 2,13.18; 3,39; 23,37; 1 Chronik 2,16
Abischai, Joab und Asaël sind Söhne der Zeruja.
2 Samuel 8,16; 1 Könige 2,22; 1 Chronik 18,15
Joab, Sohn der Zeruja, ist Davids Heerführer.
2 Samuel 14,1-24
Joab, Sohn der Zeruja, versöhnt David und Abschalom mit Hilfe der klugen Frau aus Tekoa.
2 Samuel 16,9
Abischai, Sohn der Zeruja, sagt zum König: Warum flucht dieser tote Hund dem Herrn, meinem König?
2 Samuel 16,10; 19,23
David antwortete: Was habe ich mit euch zu schaffen, ihr Söhne der Zeruja?
2 Samuel 17,25
Amasa war der Sohn … Jeters und der Abigal, die eine … Schwester der Zeruja war.

2 Samuel 18,2; 21,17; 23,18
Abischai, Sohn der Zeruja
2 Samuel 19,22
Da fragte Abischai, der Sohn der Zeruja: Müsste nicht Schimi dafür mit dem Tod bestraft werden?
2 Samuel 17,25
Zerujas Schwester ist Abigal.
2 Samuel 23,37; 1 Chronik 11,39
Naharai ist Waffenträger von Joab, dem Sohn der Zeruja.
1 Könige 1,7; 2,5; 1 Chronik 11,6.39; 26,28; 27,24
Joab, Sohn der Zeruja
1 Chronik 2,15-16
Zerujas Bruder ist David, ihre Schwester ist Abigajil.
1 Chronik 18,12
Abischai, Sohn der Zeruja

Zibja »Gazelle«
2 Könige 12,1-2; 2 Chronik 24,1
Zibja von Beerscheba ist die Mutter von König Joasch von Juda.

Zilla »Schatten«; »Schutz« → siehe Ada I
Genesis 4,19
Lamech hat zwei Frauen, die eine heißt Ada (I), die andere Zilla.
Genesis 4,22
Zilla hat einen Sohn, den Tubal-Kajin, und eine Tochter, Naama (I).
Genesis 4,23
Lamech sagte zu seinen Frauen: »Ada (I) und Zilla, hört auf meine Stimme, ihr Frauen Lamechs, lauscht meiner Rede!«

Zippora »Vogel«
Exodus 2,21-22; 18,3
Zippora ist eine der sieben Töchter des Priesters von Midian. Sie wird Moses Frau. Ihre Söhne sind Gerschom und Eliëser.

Exodus 4,13-26
Zippora schneidet Mose die Vorhaut ab und rettet ihm dadurch das Leben.

Exodus 18,1-12
Jitro und seine Tochter Zippora mit ihren beiden Söhnen besuchen Moses am Gottesberg.

Anhang

Auflistung der Reihenfolge der biblischen Bücher nach der Anordnung der Einheitsübersetzung. Die Klammerbemerkung »Luther: Apokryphen« bedeutet, dass das entsprechende Buch sich in der Lutherübersetzung unter den Apokryphen (dort angeordnet zwischen dem Alten und dem Neuen Testament) findet.

Die Schriften des Alten Testaments

Die fünf Bücher Mose

Genesis = 1. Mose
Exodus = 2. Mose
Levitikus = 3. Mose
Numeri = 4. Mose
Deuteronomium = 5. Mose

Die Geschichtsbücher

Josua
Richter
Rut
1 Samuel
2 Samuel
1 Könige
2 Könige
1 Chronik
2 Chronik
Esra
Nehemia
Tobit = Tobias
(Luther: Apokryphen)
Judit (Luther: Apokryphen)
Ester
1 Makkabäer
(Luther: Apokryphen)
2 Makkabäer
(Luther: Apokryphen)

Weisheitliche Bücher und Psalmen

Ijob = Hiob
Psalmen
Sprichwörter =
Die Sprüche Salomos
Kohelet =
Der Prediger Salomo
Das Hohelied =
Das Hohelied Salomos
Weisheit
(Luther: Apokryphen)
Jesus Sirach
(Luther: Apokryphen)

Prophetische Bücher

Jesaja
Jeremia
Klagelieder
Baruch
(Luther: Apokryphen)
Ezechiel
Daniel
Hosea
Joël
Amos
Obadja
Jona
Micha
Nahum
Habakuk
Zefanja
Haggai
Sacharja
Maleachi

Die Schriften des Neuen Testaments

DIE EVANGELIEN

Matthäus
Markus
Lukas
Johannes

Die Apostelgeschichte

DIE BRIEFE

Römer
1 Korinther
2 Korinther
Galater
Epheser
Philipper
Kolosser
1 Thessalonicher
2 Thessalonicher
1 Timotheus
2 Timotheus
Titus
Philemon
Hebräer
Jakobus
1 Petrus
2 Petrus
1 Johannes
2 Johannes
3 Johannes
Judas

Die Offenbarung
des Johannes

Die Deutsche Bibliothek – CIP-Einheitsaufnahme
Ein Titeldatensatz für diese Publikation ist bei
Der Deutschen Bibliothek erhältlich

1 2 3 4 5 05 04 03 02 01

Ein Unternehmen der Dornier Medienholding GmbH
Postfach 80 06 69, 70506 Stuttgart, Tel. 0711-78 80 30
Sie erreichen uns rund um die Uhr unter
www.kreuzverlag.de
Umschlaggestaltung: Atelier Reichert, Stuttgart
Umschlagbilder: B. E. Murillo, Rebekka und Eliëser (Ausschnitt)
A. del Castagno, Königin Ester
S. Botticelli, Judit und ihre Dienerinnen
W. Blake, Noomi mit Rut und Orpas (Ausschnitt)
Satz: Rund ums Buch – Rudi Kern, Kirchheim/Teck
Druck und Bindung: GGP Media, Pößneck
Die Schreibweise entspricht den Regeln der neuen
Rechtschreibung.
ISBN 3 7831 1898 0